プロブレムQ&A

部落差別はなくなったか？

［隠すのか顕すのか］

■

塩見鮮一郎・著

緑風出版

プロブレムQ&A

目次

プロブレムQ&A

はじめに　9

I　近代差別の歴史を考える

Q1 部落はどこにあるのですか?
部落の場所をきかれた場合、教えるのか隠すのか。どうしますか。場所を知らさないでいて「寝た子を起すな」という考えに反対するのは矛盾していませんか?　14

Q2 藤村の『破戒』のテーマは?
主人公・丑松の栄達を願った父親は出身地を隠すようにと、きびしく戒めました。死の直前にも丑松にその約束を守れといいます。父の教えは正しかったのですか?　19

Q3 破戒をそそのかしたのはだれですか?
「素性を隠せ」は丑松親子にとっては金科玉条でした。ところが、そうではない意見の持ち主がいたのです。ここから、丑松の煩悶が始まります。　25

Q4 明治の部落はどんなすがたなのですか?
被差別部落について、藤村はドキュメント風に記しました。丑松の告白の体を借りて、仕事の種類から、同火の禁止などを語り、屠場のレポートもあります。　31

Q5 猪子蓮太郎のモデルはだれですか?
『破戒』のなかに登場する猪子蓮太郎という部落出身の社会運動家にして著作者のモデルはだれだったのでしょう。あれほどの人物が明治期にいましたか?　38

Q6 『破戒』以前に部落の本はあったのですか?
『破戒』の部落像について、刊行当時の反響はどんなものでしたか。また藤村に影響をあたえた部落の小説があったのでしょうか?　45

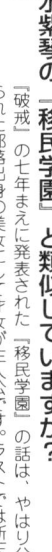

プロブレムQ&A

Q15 差別は日常生活にあるのですか?

カフカの『変身』を通し日常の家庭に潜む差別意識の原型を見ました。ここには、小さい幸せを望むだけなのに兄を死に追いやるアポリアが描かれています。

105

Q16 「しるし」はいつも見えるのですか?

差別するには「しるし」がなければできません。唯一のしるしである「部落(ムラ)」を出て行けば部落民ではないのに、市民の視線が意地悪くつきまといます。

114

Q17 子々孫々まで「部落民」なのですか?

部落民は集落が「しるし」でした。そのため江戸時代にはムラの外に住んではならず、維新後も、そこから出てきて住むのを農民はじゃましたのです。

119

Q18 マスメディアは差別の元凶では?

マスコミは部落の話題をさけることで差別の延命に手を貸していませんか。一方、ネットのあけすけな書き込みは、部落民の「しるし」を探しているのでしょうか?

127

Q19 カキコする人は部落に関心があるのでは?

2ちゃんねるの情報は、周囲への気がねがないのか、普段思っていることが正直に出てませんか。ちょっと偽悪的ですが、参考になります。

136

Q20 同和地区はどういう判断できまるのですか?

隣保館職員の態度がまじめなので、質問も本質的になります。部落について知りたいことが次々と書きこまれました。初めてカミングアウトする人もいます。

142

Q21 差別を利権にすり変えていいのか?

部落差別に反対する組織を手がかりにして利権と利益を追求した行為が発覚しました。これが一事例ですむのかどうか。解放運動の転換点になるのでしょうか?

152

Q22 結論・隠すのか顕すのか?

部落の場所が、『部落地名総鑑』という愚かな行為のために、一度は隠されましたが、そのままでいいはずがありません。部落解放の究極を考えましょう。

160

Ⅱ 近代差別の構造を考える

Q23 「競争」と「差別」のちがいは？
人は競争します。勝者が敗者に優越感を持つのはあたりまえではないでしょうか。「差別」をするのは、この勝者の優越感なのでしょうか？ 170

Q24 「美女コンテスト」は差別なのですか？
身体的な優劣、精神的な優劣があるのは避けられません。「美女コンテスト」が差別だというのは、いいがかりではないでしょうか？ 176

Q25 本当に「職業に貴賤はない」のですか？
どんな社会にも、きたない仕事ときれいな仕事はあると思います。社会的な弱者にきたない仕事が押しつけられるのは差別ではないのですか？ 181

Q26 心理的な差別と社会的な差別はどうちがうのか？
頭で差別はよくないと考えていても、気持ちとしては被差別者を避けたい。そのような心理と差別事象とはどのようにかかわっているのでしょうか？ 187

Q27 差別は憲法に違反しているのですか？
日本国憲法は差別を否定していますか？ 法律による禁止と社会の規範の関係はどうなっているのか。現実のほうがずっとおくれていませんか？ 193

Q28 維新の変革期になにがおきたのですか？
明治維新はイデオロギー先行型の革命で、農民はなにもわからないまま、ある日、食ってはいけない牛肉を食えといわれました。農民の怒りがわかりますか？ 200

Q29 文明開化の強行で部落の運命は？
西欧化に困惑させられた農民たちは、部落の「解放令」をどのように受けとめたのでしょうか。維新後の三大敵への報復はだれにむけられたのでしょう。 206

プロブレムQ&A

Q30 部落差別は都市へ運ばれて行ったのですか？

農民の間で形づくられ根付いていった部落差別は、どのようにして都市の生活の中に入り込んだのですか。都市と農村の関係はどのようなものだったのですか？

212

Q31 近代の文化が差別をふくむのはなぜですか？

部落差別が近代の文化に織りこまれ、「あたりまえ」のこととして流布されるなかで、人々はどのように差別を認識し、克服しようとしたのですか？

217

Q32 「表現の自由」と「差別語禁止」の関係は？

差別を告発していく時、しばしば「表現の自由」との間に折り合いのつかない対立が生まれます。同じ権利としての二つの関係をどう考えますか？

221

Q33 差別はタブーフリーで解消するのでしょうか？

差別をなくしていく上で、法律による規制という手段は常に出てきますが、なじめません。差別をなくすにはタブーをなくすことから出発するのがいいのです。

228

Ⅲ 資料

資料① 山国の新平民・234
資料② 再刊「破戒」の序・239
資料③ 「破戒」の後に・240
資料④ 「破戒」初版本復原に関する声明・241
資料⑤ 水平社宣言・246

資料解説 247

本文イラスト＝堀内　朝彦

はじめに

この本の成り立ちから書いておきます。

十年もまえのことになりますか。緑風出版からQ&Aシリーズで「部落問題《ぶらくもんだい》」を取りあげたいという相談を受け、歴史にくわしい教育者の小松克己先生との共著のかたちを選びました。『どう超えるのか？部落差別』というタイトルで、一九九六年十一月に店頭にならびました。サブタイトルが「人権と部落観の再発見」といい、よく内容をしめしています。わたしとしては異例《いれい》の「啓蒙《けいもう》ふう」「啓発《けいはつ》ふう」の本でしたが、刷《さつ》をかさねて、二〇〇二年五月には六刷《ずり》になりました。ただ部落をとりまく環境の変化は早く、内容のいくつかがふるくなりました。

そこで「改訂版」を出したいと版元からの提案があり、小松先生とともに集まって相談をしているうちに、共著をやめて、各自、前記の本を生かしながら、一冊ずつを受けもつことになりました。わたしは長編小説『車善七』を書いている六年ばかりのあいだ、あまり人と会うこともなくすごしていましたので、かなりの時代音痴《じだいおんち》になっているはずです。それで出版社からの新たな提案にとまどいましたが、思いかえせば、これが部落について語る最後の機会になるだろう。それなら、二十歳のころから考えてきたこと、『黄色い国の脱出口』のあとがきにかえて書いた「遡行《そこう》への試み」以来、『言語と差別』

『都市社会と差別』『作家と差別語』『差別語と近代差別の解明』『異形にされた人たち』『喜田貞吉と部落問題』『脱イデオロギーの部落史』と、四十年ばかりの愚考《ぐこう》の帰結《きけつ》をここで述べてみるのもいいかもしれない。そんな気分になりました。

右の著作を通して、部落について勉強をはじめたころの支配的な考え、部落は独占資本《どくせんしほん》が前近代《ぜんきんだい》の部落を再生して賃金抑制《ちんぎんよくせい》に利用しているという理論への疑問から出発し、『破戒《はかい》』の評価などをへて、「解放」とはなにかにこたえようとしました。つまるところ、近代部落の形成過程に関心を寄せていたわけです。

ちょうどその時期、二十世紀の後半は、部落史のゴールドラッシュとでもいうような時代で、たくさんの研究者が輩出《はいしゅつ》し、すぐれた著書をのこしました。おかげで、わたしのように、どの組織にも属さないし、歴史の研究者でもない、市民運動もしない。そんな小説家にもおおくのことがわかるようになりました。

これまでひとつのかたまりにしか見えなかった「部落」という山が、いくつもの峰からできていて、そして、それぞれの峰が、成立の時期もちがえば、性格もちがっている。それらを具体的に調べるためには、菊池山哉《きくちさんさい》が歩いたように個別に訪ねて、土地のありさま、そのたたずまい、部落の寺、その宗派や神社、特産物や職種について知らなければなりませんが、なぜか、解放が徐々に進むにつれて、個別部落への探訪《たんぼう》がむずかしくなってきました。

これは一種のゆりもどしではないでしょうか。

ほんとうは、解放がすすむにつれてしだいに個々の部落についてオープンに語れるようにならなければならなかったはずです。完全に自由に話せるようになったときこそが解放なのですから。

それなのに、どこでどうまちがえたのか、いまはいたるところに規制があります。あるいは、あるかのようにみんなが錯覚《さっかく》しています。差別があるから規制が生まれたのですが、これをいつまでもこのままにして置くことは、部落と外部の関係を現状のままに固定してしまいます。部落民がどこにいてどんな生活をしているのかもわからないのに、「差別をするな」というのはこっけいです。このままだと、部落民は「見えない人間」になってしまいます。政治が故意《こい》に隠すのではなくて、「解放」されなければならない人がみずからを隠してしまうというのは本末転倒《ほんまつてんとう》でしょう。このままだと、部落はふたたび「寝た子」になってしまいます。

そんなことに絶対してはならない。差別と規制とを完全撤廃《てっぱい》するためには、「タブーフリー宣言」が必要です。すこしぐらい差別的でもいい、おおくの人が部落についてもっと知り、気軽《きがる》に語れる環境をつくろうというのです。

各種の運動体や市民グループも、企業による悪質な就職差別などには糾弾権《きゅうだんけん》の行使はするが、そのほかの言論・言辞《げんじ》には介入《かいにゅう》しない。どうしても主張したいことがあれば、これまでのように個人を呼びつけて意見をしたりはしないで、運動体の所持するメディアをつかって反論すればいい。そのようなルールをつくらないと、おおくの人が部落について口をつぐみます。なによりもマスコミが部落についてふれようとはしない。すでに、そんなおかしな状況になっているのです。

本書は二部構成で、第一部「近代差別の歴史を考える」がこんど新たに書きおろしたものです。第二部「近代差別の構造を考える」が、『どう超えるのか?部落差別』のなかの旧稿《きゅうこう》に手を入れたものです。

また、本文の内容と関連する資料で、入手がめんどうなものを巻末に収録しておきました。おおいにご利用ください。

同和地区・関係人口の分布(1993年)

(1993現在、総務庁調査による)

・全国4,442地区
・●は、政府統計で同和地区がないとされている道県。
・① 福島、⑦ 東京、⑮ 富山は政府統計では同和地区がないとされているが、被差別部落が現実にあり、運動団体(部落解放同盟)の支部もある。
・その他の府県の(　)内は、地区数。

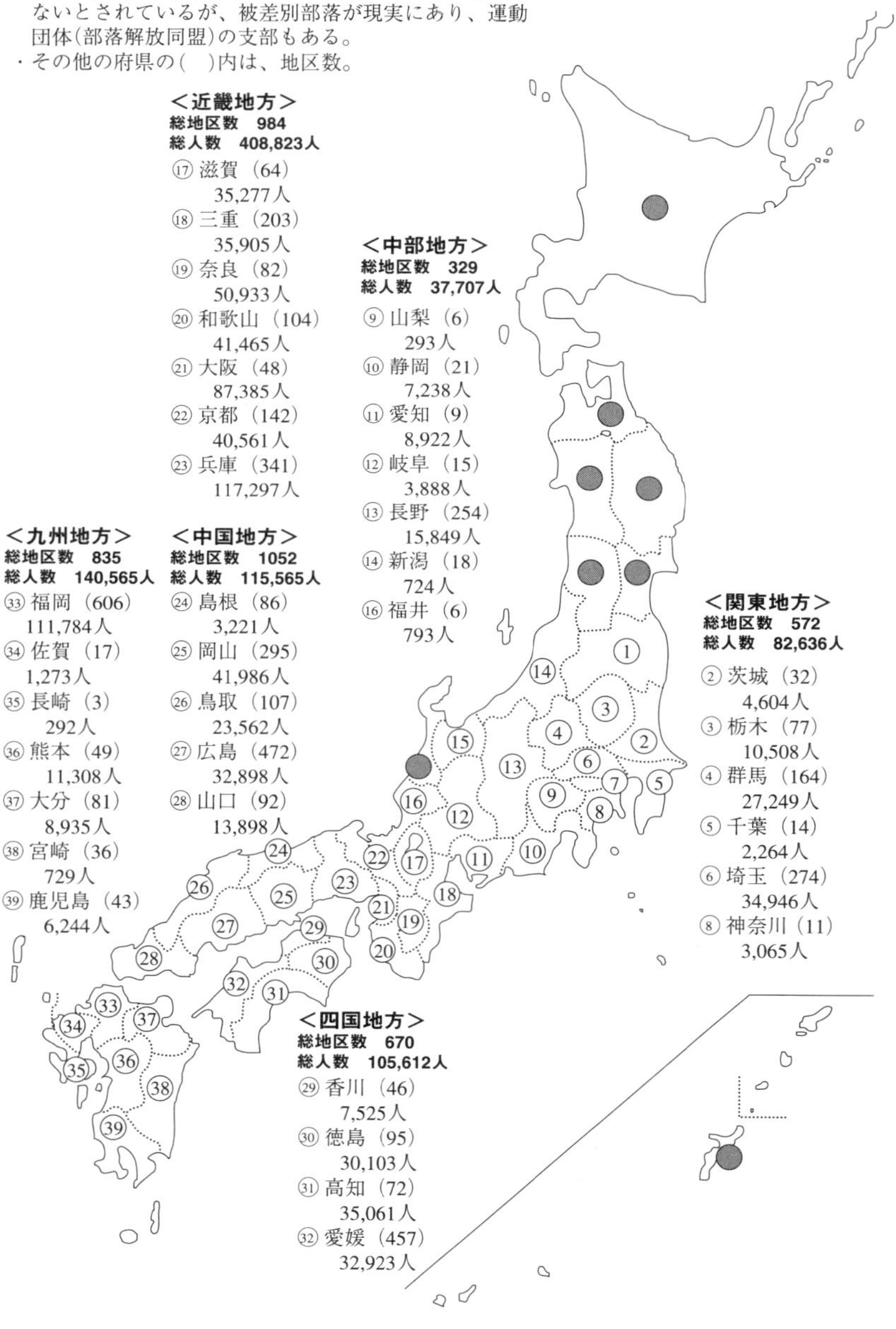

<近畿地方>
総地区数　984
総人数　408,823人

⑰ 滋賀 (64) 35,277人
⑱ 三重 (203) 35,905人
⑲ 奈良 (82) 50,933人
⑳ 和歌山 (104) 41,465人
㉑ 大阪 (48) 87,385人
㉒ 京都 (142) 40,561人
㉓ 兵庫 (341) 117,297人

<中部地方>
総地区数　329
総人数　37,707人

⑨ 山梨 (6) 293人
⑩ 静岡 (21) 7,238人
⑪ 愛知 (9) 8,922人
⑫ 岐阜 (15) 3,888人
⑬ 長野 (254) 15,849人
⑭ 新潟 (18) 724人
⑯ 福井 (6) 793人

<九州地方>
総地区数　835
総人数　140,565人

㉝ 福岡 (606) 111,784人
㉞ 佐賀 (17) 1,273人
㉟ 長崎 (3) 292人
㊱ 熊本 (49) 11,308人
㊲ 大分 (81) 8,935人
㊳ 宮崎 (36) 729人
㊴ 鹿児島 (43) 6,244人

<中国地方>
総地区数　1052
総人数　115,565人

㉔ 島根 (86) 3,221人
㉕ 岡山 (295) 41,986人
㉖ 鳥取 (107) 23,562人
㉗ 広島 (472) 32,898人
㉘ 山口 (92) 13,898人

<関東地方>
総地区数　572
総人数　82,636人

② 茨城 (32) 4,604人
③ 栃木 (77) 10,508人
④ 群馬 (164) 27,249人
⑤ 千葉 (14) 2,264人
⑥ 埼玉 (274) 34,946人
⑧ 神奈川 (11) 3,065人

<四国地方>
総地区数　670
総人数　105,612人

㉙ 香川 (46) 7,525人
㉚ 徳島 (95) 30,103人
㉛ 高知 (72) 35,061人
㉜ 愛媛 (457) 32,923人

プロブレムQ&A

I

近代差別の歴史を考える

Q1 部落はどこにあるのですか?

部落の場所をきかれた場合、教えるのか隠すのか。どうしますか。場所を知らさないでいて「寝た子を起すな」という考えに反対するのは矛盾していませんか?

「部落《ぶらく》はどこにあるのですか」と聞かれたら、なんとこたえますか。質問者《しつもんしゃ》はふつうにまじめだとしましょう。ほんとに知らないのです。よくわからないまま興味《きょうみ》をいだいている。わからないから関心《かんしん》がある。

問《と》われた人が部落で生活している場合もあるでしょう。いまは部落から出ている場合。自分は住んだことはないけれど知っている場合、まったく知らない場合など、それぞれでこたえはちがってくるでしょう。会話が都市でおこなわれているのか、地方でのことかでも差がでてくるようです。

部落解放同盟《ぶらくかいほうどうめい》などの人はなんとこたえるのでしょうか。メンバーのそれぞれで考えがちがうかもしれません。おしえるのか、おしえないのか、公式《こうしき》の方針《ほうしん》はないはずです。もちろん相手を見て返答《へんとう》の内容をかえるのはいかなる話題《わだい》でも日常的な

部落改良以前の部落の銭湯。左のドアが男湯、右が女湯。(一九八〇年代北九州市で)

ことです。「部落はどこですか？」のこたえはいく通りもあるのでしょう。

もしわたしが質問をうけたのならどうするか。これははっきりとしています。まじめに質問をうけたのなら、よろこんで話します。気がむけば案内役《あんないやく》すら引きうけます。わたしも知りたかったときがありました。いまも知りたいので、相手の気持ちがわかります。

これが寺社《じしゃ》や観光地《かんこうち》、あるいは福祉《ふくし》の施設《しせつ》などなら案内書《あんないしょ》があります。地図にも記してあります。役所に電話をすればおしえてくれます。しかし部落だけは、一部の大きな部落をのぞいてはどこにあるのかがわかりません。地元《じもと》の人はみなさんよく知っていることですが、すこし離れたところの人には、どこが部落なのかがわかりません。ここが部落だと、だれにでもわかるメルクマール（目印）があるわけではない。たぶん役所でもおしえてくれない。

おしえないのにも、それなりのわけがあります。

いまだに差別《さべつ》があるからです。

部落差別《ぶらくさべつ》をつぎの世紀《せいき》にもちこむな、と二十世紀におおくの人が解消《かいしょう》に努力しましたが、残念なことに、そのようにはなりませんでした。いまだに差別はあります。そこに住んでいる人が就職試験《しゅうしょくしけん》でおとされることもあります。だいぶすくなく

部落解放同盟
水平社運動の伝統を受け継いで第二次大戦後に結成された被差別部落の解放を目指す組織。

同和地区・関係人口の分布
本章の扉の前頁には総務庁による部落の人口の地図をのせた。『どう越えるのか？　部落差別』の三三頁にも同種の地図がある。「一九八七年現在」のもので、こんどの「一九九三年現在」とくらべると、構成員数が減少しているのがわかる。これをどのように判断すればいいのか。東京などの都市部に移住したと推測していいのか。

なったはずですがまだあります。結婚のときの障害になることもあります。
解放令《かいほうれい》以降も、おおくの悲劇《ひげき》が部落にきざまれました。結婚に際して、恋人は気にしないが、その親戚《しんせき》が反対してさわぎたて、ついにわかれたケースがあります。絶望《ぜつぼう》して命を絶《た》った青年もいます。こんな状況では、出生地《しゅっしょうち》の住所をかたくなに秘《ひ》匿《とく》するのもわかります。ふるさとをきかれても返事ができない。ふるさとについて語《かた》れないさびしさをうたった詩《し》も書かれました。部落にあるバス停では降りないで、ひとつ手まえの停留所《ていりゅうじょ》でおりてあるく人もいました。

　部落について、部落差別について知らないかたにはちょっと信じられないかもしれません。でも、このようなことが、明治維新《めいじいしん》以後ずっとくり返され、つみかさなって、こんにちにつづいています。

　ですから、「部落はどこですか?」とふつうに聞かれても、人によって回答がちがうのです。そのように問われるだけで、どきどきする人もいるのです。案内するなど、とんでもないと拒否《きょひ》する人がおおいでしょう。人びとが生活している場所を見に行くなど、なんだか失礼ではありませんか。まして、そこの住人が肩身《かたみ》のせまい思いをしているとしたら、外部の視線は暴力的《ぼうりょくてき》かもしれません。
「ずいぶんきれいですね。想像していたのとはちがっていました」

解放令
　一八七一年（明治四年）に新政府から出た布告。賤称廃止令といい、このときから穢多非人などは平民になった。

と、感想をのべられても、うれしくないでしょう。

「どうして右翼《うよく》の街宣車《がいせんしゃ》がとめてあるのですか」

ときかれても、かんたんに説明ができるでしょうか。

「部落はどこですか?」ときかれて、すぐにこたえられないのは、このような背景があるからです。人によってこたえがちがってきますし、時代によってもかわります。

おおざっぱにいって、明治維新以降のあっけらかんとして露骨《ろこつ》に記した時代、水平社《すいへいしゃ》などの運動が興隆《こうりゅう》してひかえめになった時代、それからなんでもかくしてしまう時代がきます。一九六〇年（昭和三十五年）から七〇年代にかけてはおかしなほど神経質《しんけいしつ》でした。一例をあげれば、江戸開幕《えどかいまく》のころの弾左衛門《だんざえもん》の所在地《しょざいち》はN橋M町と書いてあるのです。ちゃんとした歴史学者がそう書くのです。もちろんこれは日本橋室町《にほんばしむろまち》とすぐにわかります。いまの日本銀行があるところです。そこに弾左衛門がいたことがあるとわかったとして、だれがこまるのでしょう。

そのほか部落民の名が〇とか△の伏字《ふせじ》をまぜて表記された本もあります。著者が生きているうちは伏字がなにかがわかっているわけですが、死後五十年、百年もたてば、〇になにが入るのか、△がなにであったかがわからなくなる心配があります。資料的《しりょうてき》な価値《かち》はなくなります。

水平社
西光万吉らにより一九二二年（大正十一年）に結成された。部落民による自主的な解放運動のための全国組織。

弾左衛門
江戸時代の関東地方の穢多身分の頭領。町奉行の支配下にあって、刑罰などを手伝う一方、皮革や灯心の生産流通を管理した。

なにかおかしくないですか。

その一方で、運動体《うんどうたい》は「寝た子を起こすな」という考えではだめだといいます。そっとしておけば、いつしか部落差別はわすれられる、という当時の多数派の意見に対して、そうではない、隠しているかぎり、差別意識は淫靡《いんび》に潜行《せんこう》して生きのびる。隠すのではなくて、ちゃんと明るみにだして国民的に論議啓発《ろんぎけいはつ》すべきだという意見でした。その後、その考えはひろく支持され、わたしがこのような本を書いているのもその潮流《ちょうりゅう》があってこそ可能なわけです。

隠《かく》せと顕《あらわ》せ。

部落問題については、このふたつの主張がくりかえされてきました。隠せと顕せというのが、ちゃんと対立していたわけではありません。アラワセ主義者も、問題が変わればカクセ主義者になります。おなじ問題でも、時間がたてば変わっていたりします。隠せと顕せ。このふたつの相反《あいはん》する考えは、ねじれながら、近代の部落問題を貫流《かんりゅう》しているのです。この本のテーマもまた、隠すか顕すかです。

「部落はどこですか?」ときかれても、このふたつの意見がでてくるのです。おしえる人もいれば、知っていてもだまっている人がいます。なぜこんなふうになったのでしょう。そのことも考えてみましょう。

Q 2 藤村の『破戒』のテーマは？

主人公・丑松の栄達を願った父親は出身地を隠すようにと、きびしく戒《いまし》めました。死の直前にも丑松にその約束を守れといいます。父の教えは正しかったのですか？

島崎藤村《しまざきとうそん》の『破戒《はかい》』は、被差別部落出身の父親が隠せと命じたのにもかかわらず、主人公の丑松《うしまつ》は隠《かく》すのか顕《あら》わすのかと悩み逡巡《しゅんじゅん》します。それが小説全編《ぜんぺん》の背骨《せぼね》になっています。そして『破戒』という本自体も、この書物を読者の目から隠すのか顕わすのか。その大論争の波に翻弄《ほんろう》されます。

この著名な作品を素材《そざい》にして、隠すのがいいのか顕わすのがいいのかを考えてみましょう。

文庫本はかつて名著《めいちょ》のライブラリーでしたが、高度成長期《こうどせいちょうき》以降、お手軽《てがる》に入手しやすい本でしかなくなりました。ロングセラーというよりは、経営上《けいえいじょう》の必要から毎月何点かを簡便《かんべん》に刊行します。すぐに消えてもしかたがないとの了解《りょうかい》のもとで、どんどんと出版するので、ますます賞味期限《しょうみきげん》がみじかく、書店に三カ月もあればいいというふうになりました。そのような風潮《ふうちょう》にもかかわらず、文庫本のコーナーにはいつでも藤村の『破戒』があります。しかも岩波文庫と新潮文庫の二種があります。ほかにカフカの『変身《へんしん》』などもあって、これらの本の奥付《おくづけ》を見ると、いかにコンスタントに売れているかがわかります。

だれが買っていくのでしょうか。学校で読むようにすすめているのでしょうか。いずれにしろ、わかい人が読んでいるはずです。『破戒』と『変身』の双方《そうほう》とも、「近代の差別」を主題にして、その本質にせまる作品です。そのことを考えると、ちょっとした感慨《かんがい》があります。

まずは藤村の『破戒』ですが、ふしぎな熱気《ねつき》が全体をおおっています。この時代の日本の小説としてはめずらしく、きちんとした構造《こうぞう》をもっています。ミレーふうの田園風景《でんえんふうけい》もありますし、主人公の自我《じが》の葛藤《かっとう》も描かれています。ストーリーの展開もおもしろい。しかし、なによりも注目したいのは、部落問題を正面にすえていることです。日本の社会において、たえず小声でしか語られない話題がテーマなのです。二十一世紀になっても、部落が描かれる小説はいまだに微々《びび》たるもので、それを避けて通る書き手がいますし、出版社もある。それなのに、百年まえにこのテーマをあつかった『破戒』が、いまも版をかさねている。なんともふしぎな眺《なが》め

現在刊行している『破戒』

です。

島崎藤村がこれを書いたのは、一九〇四年（明治三十七年）です。よく知られているように、このころの藤村は小諸義塾《こもろぎじゅく》の先生でした。この年の一月、『破戒』の舞台になる長野県飯山市《いいやまし》に旅行をし、四月から書き始めています。函館《はこだて》の妻の実家に経済的な援助《えんじょ》をこい、佐久《さく》の友人に借金して自費《じひ》出版します。そのときにはすでに小諸義塾はやめて上京《じょうきょう》し、新宿区西大久保に居をかまえます。いまの大久保一丁目交差点のあたりで、住所は歌舞伎町二丁目になります。

背水《はいすい》の陣《じん》か、無謀《むぼう》な試行《しこう》か。

『破戒』一作に家族の命運をかけたといえましょう。『若菜集《わかなしゅう》』や『千曲川《ちくまがわ》のスケッチ』『落梅集《らくばいしゅう》』の詩人としてすこしは知られていても、小説家としては未知の作家です。感傷的《かんしょうてき》にしてロマンチックな詩人が、部落をテーマにしたリアリズムの長編小説を押しだしていこうというのです。

分厚《ぶあつ》い本が刊行されたのは一九〇六年（明治三十九年）三月、藤村三十四歳のときでした。この前後に三人のおさない娘が死に、長男が誕生しています。生活は波乱《はらん》の連続でしたが、さいわい小説は好評を博し、一九一三年（大正二年）には新潮社からあらためて刊行されます。いまでは日本近代文学の出発点になった作とし

島崎藤村

木曽の馬籠《まごめ》に一八七二年に生まれた。はじめ詩人。のちに自然主義作家になり、代表作は、『破戒』『夜明け前』など。一九四三年死去。

て、すでに古典のようです。

物語は、主人公の瀬川丑松《せがわうしまつ》が下宿を、いまいる下宿屋から蓮華寺《れんげじ》（真宗寺がモデル）の庫裏《くり》にかえようと決心したところからで、

「蓮華寺は下宿をかねた」

と、冒頭の一文にあります。

丑松は長野の師範《しはん》学校（現在の信州大学）を優秀な成績で卒業したことになっています。二年前に飯山の小学校に赴任《ふにん》してきて、二十四歳になる。そういう設定です。引越しを思いたったのは、いまいる下宿屋に大日向《おおひなた》という金持ちがやってきたためです。通院のために宿泊しているのでしたが、「彼《あれ》は穢多《えた》だ」といううわさが立って、いまにも追放されそうになったからです。そのようなところにいると、いつ火の粉が自分にふりかかってくるかもしれない。

「丑松もまた穢多《えた》なのである」

と、藤村はそのことを二ページ目ですでにあきらかにしました。この瞬間《しゅんかん》、物語は早くも緊張《きんちょう》し、「穢多」に好意をもつ読者であろうと嫌悪《けんお》する読者であろうと、主人公の運命が気にかかります。まして部落の人がこの小説を読むときはいかばかりでしょうか。丑松の運命は自分の運命かもしれない。人ごとではないのです。

庫裏

住職一家の生活の場所で、本堂とは別棟になっている。写真は奈良県御所市の西光寺の庫裏。

師範学校

小学校などの先生を養成するための旧制の学校。各府県に設置された。

発表された明治の時代は、たぶん現在よりもむきだしに部落を忌避《きひ》する人がおおかったでしょう。紙面に「穢多」という文字を見ただけで眉《まゆ》をしかめる人もいました。

日露戦争に反対する詩を発表したばかりの与謝野晶子《よさのあきこ》ですら、

「私は『穢多―新平民《しんへいみん》』と云《い》ふものを、この通り全篇《ぜんぺん》の骨に用いてあることが、どうにも快い感じが致しません」

と、『破戒』について語り、

「主人公の丑松を、私はどうも正面には眺めかねます。ちょうど私の子供の時に、下男《げなん》どもが指差《ゆびさ》して、『今お店の前を穢多の娘が通ります』などと教えてくれます度に、目をそらして奥へ逃げて入りましたと同じ恥ずかしさ、気の毒さでございます」

と評しているのです。

自分のうちにある差別意識にまるで気がつかない批評です。それどころか、「他人の不幸」を直視《ちょくし》できない自分のナイーブさまで宣伝している。差別意識が血となり肉となっているのです。

そんな時世《じせい》に、部落民をなぜ差別的にあつかうのか、なぜ同情しながら目をそ

与謝野晶子
処女詩集『みだれ髪』で注目され、雑誌『明星』の中心になる。日露戦争に反対する詩「君死にたまふことなかれ」も評判になった。一八七八年～一九四二年。

むけるのかを、小説『破戒』は問うているのです。

主人公の丑松は「穢多」ですが、そのことを隠しています。隠しつづけるために、大日向《おおひなた》のいる下宿を逃げて蓮華寺へ引っ越そうとしているのです。隠しておかないといまの教員生活が維持できないからです。そのことをよくわかっている父は、丑松に「隠せ」と命じたのです。父権《ふけん》のつよいこの時代、父の言葉は絶対です。しかも父は、先祖代々の土地、小諸市加増《かます》の役人村《やくにんむら》（荒堀部落）に住んでいては丑松の出生がばれると思い、わざわざ小県郡《ちいさがたぐん》の山ふかい、西之入《にしのいり》牧場に身をかくして艱難辛苦《かんなんしんく》の生活を送っているのです。

父はまた添付《つけた》して、世に出て身を立てる穢多の子の秘訣《ひけつ》――唯一つの希望《のぞみ》、唯一つの方法《てだて》、それは身の素性《すじょう》を隠すより外に無い、「たとえいかなる目を見ようと、いかなる人に邂逅《めぐりあ》おうと決してそれとは自白《うちあ》けるな、一旦の憤怒悲哀《いかりかなしみ》にこの戒《いましめ》を忘れたら、その時こそ社会《よのなか》から捨てられたものと思え」こう父は教えたのである。一生の秘訣とはこの通り簡単なものであった。「隠せ」――戒はこの一語《ひとこと》で尽きた。

このとき父にとっても子にとっても、「隠す」ことが至上の真理でした。

父権　男子が家族や氏族の中で優位に立つ社会制度。

※新潮文庫版『破戒』一三頁。

Q3 破戒をそそのかしたのはだれですか？

「素性を隠せ」は丑松親子にとっては金科玉条でした。ところが、そうではない意見の持ち主がいたのです。ここから、丑松の煩悶が始まります。

瀬川丑松《せがわうしまつ》にとっての「戒《かい》」、つまり「いましめ」は、出自《しゅつじ》について隠すことでした。

しかし、それを破るようにすすめたものがあります。すすめたのは、人でありますが、精神でもあります。いや、激しい精神をもった人がいたのです。その人がひとつの精神（イデオロギー）を丑松のまえに運んできたのです。いや、丑松のほうから、その新思想《しんしそう》の光に引き寄せられて行ったのです。

これが悲劇の始まりです。いや、見方をかえれば、ひとつの英雄談の幕開けでもあります。

光をはなっている男の名は、猪子蓮太郎《いのこれんたろう》といいます。丑松が入学するまえに長野の師範学校で教鞭《きょうべん》をとっていたのですが、生まれが高遠《たかとう》のふるい「穢多《えた》の宗族《いえがら》」

高遠
長野県の伊那盆地にある町。

だとわかったとたんに放逐《ほうちく》されたのです。以後、社会運動をつづけながら、『現代の思潮と下層社会』『貧しきもののなぐさめ』『労働』『平凡なる人』など数々の著書をあらわしました。

こんどの新著は、『懺悔録《ざんげろく》』といいます。表紙は黄色く、まずしい人も手にしやすいようにわざと質素につくってあります。書きだしは、ずばり「我は穢多なり」です。一行目から素性を顕《あら》わすのです。丑松は蓮華寺からの帰途、飯山市内の本屋でさっそく買い求めました。蓮太郎には人を介して会ったこともあり、手紙のやりとりもしています。

丑松は自分の出《で》については隠しています。しかし猪子蓮太郎にふかく傾倒《けいとう》すればするほど、自己をいつわっているのではないかという意識がつよくなります。出自を隠して世間をあざむくことが苦痛になってきます。ちょうどそういうとき、父が牛の角《つの》につかれて死にます。葬式にむかう汽車に、なんという偶然《ぐうぜん》か、猪子蓮太郎がいました。選挙応援のために長野県にきていたのです。あいさつをかわし、上田駅まで同道し、数日後の再会を約束しました。

葬儀の場で叔父から聞いた父の最後の言葉は次のようなものでした。

「俺も牧夫だから、牛の為に倒れるのは本望だ。唯気にかかるのは丑松のこと。

俺が今日までの苦労は、皆な彼奴《あいつ》の為を思うから。日頃俺は彼奴に堅く言聞かせて置いたことがある。何卒《どうか》丑松が帰って来たら、忘れるな、と一言そう言っておくれ」

丑松の心をしめつけてくる「隠せ」という教えを、父は「遺言《ゆいごん》」でも述べたのです。拘束《こうそく》はいっそうつよいものになります。なかなかの作劇法であります。「いましめ」をますますつよくして、それを破るときのドラマの激しさを作家はねらっています。

またいまひとつの作劇は、父が子の立身《りっしん》をねがい、たかい教育をあたえたために、丑松の懊悩《おうのう》はつよまるという設定になっています。多くの本を読み勉強しているうちに、父の「戒」を、ときにはうたがい、それを「破」るほうへと頭がうごいてしまう。この皮肉《ひにく》を作品は見事《みごと》におさえています。

むかしからの処世《しょせい》の知恵とはちがい、近代の普遍的な知識は諸刃《もろは》の刃《やいば》になります。知識はあるのがいいのか、ないほうがしあわせなのか。知識をもったがために、おのれの位置を知った人はなやみます。知識をもった人と、もたない人とは対立します。

丑松が帰途《きと》に猪子蓮太郎に会うと話すと、知識のない叔父は親指を立てて、

※新潮文庫版『破戒』一〇五頁。

「あの人はこれだって言うじゃねえか——気を注《つ》けろ」

とこたえます。

世間の人が部落を差別するように、部落の人も部落民を差別します。教育がないと、叔父のように自分で自分たちをおとしめます。しかしまた、教育が身につくと自己と社会の欺瞞《ぎまん》にがまんができなくなります。部落民であることの意味がわかるため、そこから逃げてしまうか、その条件を甘受《かんじゅ》して自己を立てなおすか。この選択におおくの部落出身の知識人が直面しました。ここのところを藤村はよくわかっています。

さて再会をはたした丑松は、猪子蓮太郎といっしょに宿のふろに入り背中を流しあいます。蓮太郎は率直になんでも語ってきかせてくれますが、それに対して丑松はほんとうのことをいえない。心に恥《は》じたり悲しんだりしています。

「聞けば聞くほど、丑松は蓮太郎の感化《かんか》を享《う》けて、精神の自由を慕《したが》わずにはいられなかったのである。言うべし、言うべし、それが自分の進む道路《みち》では有るまいか。こう若々しい生命が丑松を励ますのであった」

でも叔父から、

「何にも自分のことを話しやしねえだろうなあ」

と念をおされると、

「誰がそんなことを言うもんですか」

とこたえました。しかし、それは本心からでた言葉ではないのです。

丑松が決心するまでには、まだながい時間が必要でした。父との約束、自分の生活と未来がここには懸《か》かっているのです。なんでそんなにかんたんに告白できましょうか。藤村はじっとかまえている。丑松が「戒」を破れば小説は完結しますが、かんたんに話をすすめるとリアリティーをうしなうだろう。テーマがそれほどおおきいことを作者は熟知《じゅくち》しています。同時代のだれよりもよくわかっています。

「何故《なぜ》、新平民ばかり普通の人間の仲間入りが出来ないのであろう。何故、新平民ばかりこの社会《よのなか》に生きながらえる権利が無いのだろう」

と、丑松はなげきます。

ここにある思想は、明治維新後に輸入された「人間主義」です。西欧のヒューマニズムなのです。猪子蓮太郎の著書名の『懺悔録《ざんげろく》』は、ジャン＝ジャック・ルソーの書物とおなじです。苦悩して飯山の町を歩く丑松は、ペテルブルグの街をさまようラスコーリニコフを想像させます。ドストエーフスキーの『罪と罰』の影響です。猪子蓮太郎と丑松の思想もさることながら、小説自体も西欧《せいおう》近代の息吹のう

ジャン＝ジャック・ルソー
フランスの思想家で、その著作はフランス革命に影響を与えた。『懺悔録』は『告白』『告白録』とも訳される。一七一二年〜一七七八年。

ドストエーフスキー
ロシアの小説家で、『罪と罰』はその代表作の一つ。貧しい主人公ラスコーリニコフは、才能のある若い自分が金貸しの老婆殺しをよしとする論理をつくる。一八二一年〜一八八一年。

ちに誕生しているのです。ヨーロッパの近代小説の始まりは「告白《こくはく》」からでしたから、丑松もまた「告白」をします。

しかし、そのまえにまだいくつかの段階がありました。蓮太郎の政敵が丑松の素性《すじよう》を知ってしまうのです。そのことで蓮太郎に相談しようと決心したとき、蓮太郎が死んでしまうのです。飯山市での選挙演説の帰途、法福寺の門前でおそわれて石でなぐり殺されたのです。こんどこそ猪子蓮太郎におのれの出自を話そうと決意したとたん、相手は死者になっていました。これほどのすごい衝撃《しようげき》があって、やっと丑松は教室で告白ができたのです。

つまり藤村は、ここまでつみかさねてこないと生徒のまえで告白する場面が真実味をおびてこないと考えているのです。

「阿爺《おとつ》さん、堪忍《かんにん》して下さい」

と、亡父にあやまりながら、丑松はみんなのまえで告白します。有名なクライマックスのシーンです。

Q 4 明治の部落はどんなすがたなのですか？

被差別部落について、藤村はドキュメント風に記しました。丑松の告白の体を借りて、仕事の種類から、同火の禁止などを語り、屠場のレポートもあります。

丑松は高等四年生の生徒をまえにして教室で告白します。当時の小学校は義務制の小学校四年と、高等小学校四年にわかれていました。ですから高等四年生は、いまでいえば中学校の二年生にあたります。作品には数えの年齢で「皆さんも最早十五、六」とありますが、満年齢でいえば、だいたい十四歳でしょうか。いずれにしても丑松の語ることを生徒たちは理解できたのです。

「皆さんも御存《ごぞん》じでしょう」

と、丑松はいいます。「噛んで含めるようにいった」と藤村は書いています。

「この山国に住む人々を分けてみると、大凡《およそ》五通《いつとお》りに別れています。それは旧士族《きゅうしぞく》と、町の商人と、お百姓と、僧侶《ぼうさん》と、それからまだ外に穢多《えた》という階級《かいきゅう》があります」

※新潮文庫版『破戒』三〇五頁

と、丑松は説明しました。

日本の社会は、明治維新で「四民平等《しみんびょうどう》」になります。部落民に対しても「解放令」がでて、かれらは「平民」になりました。農民と部落民のちがいは、仕事のちがいだけになったはずですが、ここ飯山《いいやま》では、江戸時代の身分制による区分がまだ生きているのがわかります。武士階級は消滅《しょうめつ》したのちも、しばらくは「士族《しぞく》」と自称して生まれを誇示《こじ》し、同じように消滅したはずの「穢多」という階層をさげすみました。

「御存じでしょう。その穢多は今でも町はずれに一団《ひとかたまり》に成っていて、皆さんの履《は》く麻裏《あさうら》を造《つく》ったり、靴や太鼓や三味線《しゃみせん》等を製《こしら》えたり、あるものは又お百姓して生活《くらし》を立てているということを」

これが当時のもっとも平均的な部落のすがたのようです。みじかくコメントしておけば、ひとつは、「お百姓して」と書いてありますが、とても零細《れいさい》なはずです。自給自足、自分の食べるだけのものをつくっています。

部落の人のつよい念願で、時代がくだるにつれて新田開発などで稲作するケースが増加しますが、江戸時代では部落が所持する土地にはきびしい制限がついていましたから、野放図《のほうず》に田畑《でんばた》を拡大するわけにはいかなかったのです。島崎藤村の見

四民平等

四民は士・農・工・商の四階級で、転じて人民。四民平等はあらゆる人の平等をいう。

麻裏

麻裏草履のこと。ぞうりの裏に麻の底を張り付けたもの。

た部落は明治維新から三十数年がすぎたころですが、このころでも、部落に土地を売る農民はわずかでした。「お百姓して生活を立てている」というのは、とてもちいさいスケールでのことです。

もうひとつは、「町はずれに一団に成って」いるという指摘です。この集合居住こそが、近世から近代の初めにかけての部落の基本的なありようです。定住しているのであって、放浪《ほうろう》、浮浪《ふろう》するほかの賤民《せんみん》とはことなります。ここは重要なことです。

その呼び名も、近世は「穢多《えた》」「皮多《かわた》」「長吏《ちょうり》」、近代になって「新平民」「特殊部落」「被圧迫部落」「未解放部落」「被差別部落」などと変化しました。「部落」というのは、こじんまりとした集落のことですが、それらのうちでも「特殊」であったり、「被差別」であったりするわけです（この本では、ただに「部落」というときは、被差別の部落を指しています）。

「町はずれに一団に成って」集合して居住し、部落民とはここの構成員をいうのです。近代以前の身分制の社会では例外なくそうですが、維新以降は「住居移転の自由」が保障されます。ですから、被差別部落から出て行く人がすこしずつふえ始めます。丑松の父親はその早い一例です。もはや部落にいない人は、部落民ではな

賤民

共同体の主要な階層から卑賤視された人や集団。視線による排除だけでなく、社会体制に組み込まれた身分制度であった。

いはずなのですが、藤村の描き出した明治中期の社会では、だれもが、そうではないと考えています。

　百年後のいまではどうなのでしょうか。

　コメントが長くなりましたが、丑松の告白はつづきます。

「御存じでしょう。その穢多が皆さんの御家へ行きますと、土間のところへ手を突いて、特別の茶椀《ちやわん》で食物《くいもの》なぞを頂戴《ちょうだい》して、決して敷居《しきい》から内部《なか》へは一歩《ひとあし》も入られなかったことを。皆さんの方から又、用事でもあって穢多の部落へ御出《おいで》になりますと、煙草は燐寸《マッチ》で喫《の》んで頂いて、御茶は有《あり》ましても決して差上げないのが昔からの習慣です」

　明治維新があっても、なぜか「昔からの習慣」が引きつづいています。「煙草は燐寸で」というのは、「同火《どうか》を忌《い》む」という習慣があったためです。農民は自分のマッチを持参して、それで火をつけてタバコをすい、部落の家の火を使わないのです。逆に部落民が農民の家におもむいたときにも、火鉢《ひばち》や囲炉裏《いろり》の火を借りようとはしないのです。同火には共食《きょうしょく》という意味もふくまれていて、お茶をいっしょに飲まないのもそのためです。

「もしその穢多がこの教室にやって来て、皆さんに国語や地理を教えるとしまし

同火を忌む
　火を聖化して共同体の守護神としているので、そこへ「よそ者」が近づくのを嫌った。実際には「かまど」や「いろり」の火をいう。

たら、その時皆さんはどう思いますか」

丑松は本題にふみこみました。

「全く、私は穢多です、調里です、不浄《ふじょう》な人間です」

最後に丑松はこうくりかえし、「まだ詫び足りないと思ったか、二足三足退却《ふたあしみあしあとずさり》して、『許して下さい』を言いながら板敷の上へ跪《ひざまず》いた」。

右の「調里」は、「長吏」と表記される場合がおおいのですが、本来は「かしら」とか「トップ」という意味です。ふるくはそのようにつかわれていましたが、時代がくだるにつれて、穢多や非人を指すようになりました。とくに穢多身分の人が、自分たちのことをいうとき、「穢多」という忌むべき漢字をさけて、「長吏」と書いたのです。

有名な「丑松告白の場」を借りて、明治のころの部落の概略を見てきましたが、ここで抜け落ちているのが屠場《とじょう》です。

前近代では、牛馬を殺すことは禁じられていましたが、維新以降の近代化政策で、牧場や屠場はあちこちにつくられました。その現場をささえたのが、むかし死牛馬を処理していた穢多身分でした。作者の藤村はそのことを生徒のまえで丑松に語らせませんでしたが、父の葬式のあと、その場面をこまかく記入しています。

ヨーロッパの小説からリアリズムの手法をならった藤村の筆は、早い時代での日本のドキュメントでもありました。長文なので関心のあるかたは原作をひもといてください。また、ほとんどおなじ内容の記述が、『千曲川のスケッチ』のなか、「屠牛」という項にまとめられています。執筆はこちらの随筆のほうが早く、出版は『破戒』よりはおそくて、一九一二年（大正元年）になります。

ここではそのさわりだけを紹介しておきましょう。差別的な表現もふくまれていますが、こんにちの読者はどこが差別的かすぐにわかるでしょう。往時《おうじ》はこのように考えていたのか、というふうに読んでいただけるはずです。

まず屠場の建物のことが紹介されます。

「上田の町はずれ、太郎山の麓《ふもと》に迫って、新しく建てられた五棟《むね》ばかりの平屋。鋭い目付の犬は五六匹門外に集まって」います。黒い門を入ると、「北は検査室、東が屠殺《とさつ》の小屋である」。

中庭にいた労働者はつぎのように描写されます。

「屠手として是処《ここ》に使役《つか》われている壮丁《わかもの》は十人ばかり、いずれも紛《まが》いの無い新平民――殊《こと》に卑賤《いや》しい手合と見えて、特色のある皮膚の色が明白《ありあり》と目につく。一人々々の赤ら顔には、烙印《やきがね》が押当ててあると言ってもよい」

※新潮文庫版『破戒』一四四頁。

この繋留場《けいりゆうじよう》に、獣医と牛肉屋もやってきます。検査がすむと、父を刺した種牛《たねうし》を「屠殺の小屋」へ追いこみました。

「屠手《としゆ》の頭《かしら》」が細引きで足をからめて倒します。「牛の眉間《みけん》を目懸けて、一人の屠手が斧《おの》を振翳《ふりかざ》したかと思うと、もうそれがこの畜生の最後」と、藤村は書いて、斧の下につぎの注釈を入れております。「一方に長さ四五寸の管があって、致命傷《ちめいしよう》を与えるのはこの管である」と。

「屠手の頭《かしら》は鋭い出刃庖丁《でばぼうちよう》を振って、先《ま》ず牛の咽喉《のど》を割く」「多勢の壮丁《わかもの》が力に任せ、所嫌《ところきら》わず踏付けるので、血潮は割かれた咽喉を通して紅く板敷の上へ流れた。咽喉から腹、腹から足、と次第に黒い毛皮が剥取《はぎと》られる。膏《あぶら》と血との臭気《におい》はこの屠牛場に満ち溢れて来た」

と、なかなかの迫力です。

牛が肉になり、立会いで売られるまで、まだまだつづきますが、およその雰囲気はわかってもらえたことでしょう。取材した藤村の目と、丑松の目が混在しているのは欠点でしょうか、それともそこにリアリティーがあるのでしょうか。

Q5 猪子蓮太郎のモデルはだれですか？

『破戒』のなかに登場する猪子蓮太郎という部落出身の社会運動家にして著作者のモデルはだれだったのでしょう。あれほどの人物が明治期にいましたか？


藤村は部落のすがたを書き留めてくれました。

さきに見たように、「殊《こと》に卑賤《いや》しい手合《てあい》」という人たちだけではなく、一方に、大金持ちのいることもおしえてくれています。

長野県根津の西町のはずれに部落があります。日当たりのよい傾斜地《けいしゃち》に草ぶきの屋根が不規則《ふきそく》にならんでいると記されています。そこに大富豪《だいふごう》の家がそびえています。丑松が蓮華寺に引っ越すきっかけになった大日向も金持ちですが、それ以上の大尽《だいじん》です。

「中にも人目を引く城のような一郭《ひとかかえ》、白壁高く日に輝くは、例の六左衛門の住家《すみか》と知れた」

部落での貧富の差について考えなければなりませんが、もっとさきで取りあげ

※新潮文庫版『破戒』一二二頁。

ましょう。この六左衛門の娘は、丑松の叔母の言葉をかりれば、

「評判の美しい女でごわすもの。色の白い、背のすらりとした――まあ、あんな身分のものには惜しいような娘《こ》だって、克《よ》く他《ひと》がそれを言いやすよ」

ということになります。

部落に美女がいるという小説はよく書かれました。徳田秋声の『藪《やぶ》かうじ』という短編に出てくる穢多の娘は、「素性を知らぬ男子は、何人《なんびと》と雖《いえど》も其の艶容《えんよう》に恍惚《みと》る、ならむ」とあります。読者がよろこぶからの設定か、あてこんでの作者の勇み足でしょうか。いまでも「2ちゃん」の書きこみに同趣旨の言葉があります（→Q18）。

すでに指摘されていますが、このような言葉の背後には、差別的な意識があります。部落に美人がいる確率は、農家（本村）に美人がいる確率と似ているでしょう。金銭の余裕があるほうが、着飾ったり行儀作法《ぎょうぎさほう》を教えこまれたりしているため、きれいに見える確率がたかいなら、すこし話は複雑になります。部落にも右の六左衛門のような大金持ちがいますが、平均すれば本村《ほんそん》のほうが富裕《ふゆう》です。だから、ふつうの村のほうに美女はおおく、部落はすくない。それなのに、部落に美女がいた。すくないはずの部落に美女がいたという、おどろきがあって、おもしろがっている。

本村
ひとつの部落は、だいたいひとつの農民の村に所属していて支配も受ける。部落から見て「本村」で、部落は「枝村《えだむら》」になる。

このような意識を、もちろん差別というのです。

六左衛門はこの娘を、猪子蓮太郎の政敵に嫁《とつ》がせます。高柳《たかやなぎ》という代議士なのですが、部落の人ではありません。かれは立候補します。選挙の資金に六左衛門のカネをあてにしているのです。

「六左衛門も六左衛門だ。そんなところへ娘をくれたところで何が面白かろう」

「虚栄心《きよえいしん》にも程が有るさ。ちったあ娘のことも考えそうなものだがなあ」

と、「同族」を思って猪子蓮太郎は慨嘆《がいたん》するのです。この時代の部落の娘と非部落の男との結婚には、うらがあるというわけです。

それにしても、藤村は力をこめて猪子蓮太郎という男を描いています。生まれが高遠《たかとう》で長野の師範学校の教職につき、部落民とわかると追放され、以後、評論家にして社会運動家です。主な著書が、まえにも書きましたように、『現代の思潮と下層社会』『貧しきもののなぐさめ』『労働』『平凡なる人』『懺悔録』です。

明治時代にこのような人物がいたのでしょうか。モデルになった人がいるにちがいない。いまでは、大江磯吉《おおえいそきち》という人がそうだと一般にはいわれています。藤村自身、『新片町《しんかたまち》より』所収の「山国の新平民」というエッセーの冒頭にかれのことを、固有名詞を出さないで記しています。

『新片町より』の内「山国の新平民」
→資料①　本書二三四頁。

大江磯吉について概略を書いておきますと、一八六八年（明治元年）に、長野県飯田市下殿岡《しもとのおか》の部落に生まれ、長野師範学校を卒業しました。先生として信頼されていましたが、かれの下宿では、「彼《あれ》は穢多だ」という噂を聞いた下宿人が逃げ出すという騒動《そうどう》もあったそうです。磯吉は大阪師範学校に移り、その後、鳥取師範学校の主事になりました。このとき生徒の前で、「私は、部落の出身です。しかし、学問の道には上下の差別はない。私はこの教育に生涯をかけてやります」と語ったそうです。一九〇一年には兵庫県立柏原中学校の校長になりますが、母が病気に倒れたという便りを手にしてふるさとにもどりました。そこでの看病《かんびょう》づかれもあって、まもなくチフスにかかって死亡しました。一九〇二年（明治三十五年）九月、三十五歳でした。

おおくの人が描いた大江磯吉は右のような人物です。

わたし自身で調べたわけではないので、これが実像なのか虚像《きよぞう》なのか、美化《びか》されているのかどうかはわかりません。右のような人物であるなら、たしかに『破戒』の内容と似た部分があります。大日向《おおひなた》の下宿の話や、生徒のまえで出自を述べるとか、それに、丑松が父の葬儀にふるさとにむかうのとおなじように、磯吉は母を見舞いに下殿岡にもどってきます。

この大江磯吉から、丑松と蓮太郎のふたりが分化して生まれたといえます。
大江磯吉の死が一九〇五年、藤村が『破戒』を書き始めるのが一九〇七年です。大江磯吉のことを小諸で耳にし、「其の悲惨な生涯」を思い浮かべます。磯吉の養子の名が猪子太郎《いのこたろう》というそうですから、符丁《ふちょう》はよくあっています。

しかし、わたしの知る猪子蓮太郎は、右の大江磯吉よりもずっとアクティブです。磯吉は教育者ですが、蓮太郎は社会運動家です。単身、政治社会とわたり合って一歩も引かずに、最期はテロで倒れるのです。それに著述もたくさんあります。部落と部落民についての報告と洞察《どうさつ》、現代思想と下層民の問題とか、ずいぶんとひろい視野です。

大江磯吉のほかにも、そんなモデルがいたのではないかと、ずっと気にしていました。『破戒』以前に部落を正面から論じた本にはどんなものがあるのか。さがしてみましたが、なかなか見つかりません。

わたしが見つけた単行本はただ一冊、柳瀬勁介《やなせけいすけ》の『社会外の社会　穢多非人』でした。

この本は、「ゑたの名称」の検討から始まり、その起源、その状態、排斥《はいせき》された原因を調べて、最期に救済策《きゅうさいさく》を述べております。著者・柳瀬勁介は筑前植木《ちくぜんうえき》、いま

↓資料①「山国の新平民」二三四頁下段。

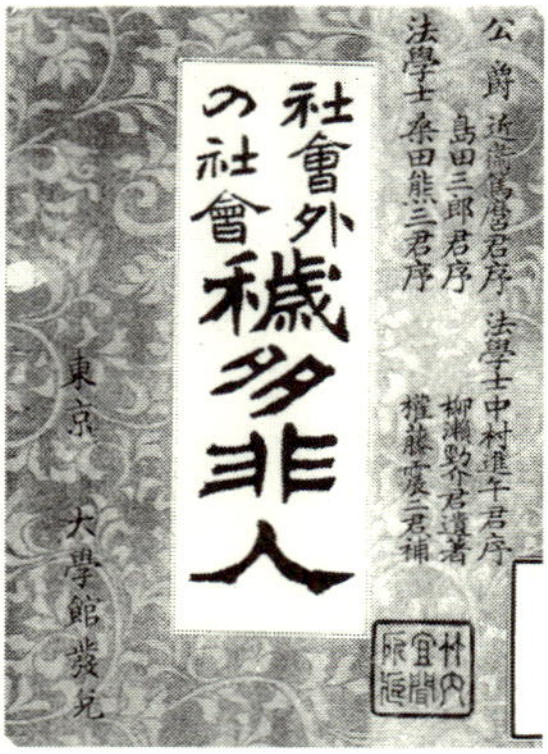

『社会外の社会　穢多非人』
柳瀬勁介著

の福岡県直方市大字植木《のうがたしおおあざうえき》の人です。明治元年生まれで、くしくも大江磯吉と同年齢になります。

二十一歳で上京し、東京法律学院と日本法律学校を卒業しましたが、弁護士試験には合格できないまま、二十九歳で台湾総督府《たいわんそうとくふ》に勤めました。ここに就職したのは、台湾《たいわん》に部落民を移住できないかと考えてでした。だが、惜《お》しいことに赤痢《せきり》にかかって異郷《いきょう》に倒れ、この『社会外の社会』の草稿《そうこう》を友人に託して息を引きとりました。

この単行本の刊行は一九〇一年（明治三十四年）です。

このとき藤村は小諸にいます。あの「椰子の実」の詩がおさめられた『落梅集《らくばいしゅう》』を刊行した年です。『破戒』執筆の六年まえになります。

『社会外の社会』は版をかさねますが、有名になった本ではありません。藤村は読まなかったかも知れません。読んだとすれば、旧友の柳田国男《やなぎたくにお》にすすめられてでしょう。

柳田国男が読んだことは、その論考の『所謂特殊部落ノ種類《いわゆるとくしゅぶらくのしゅるい》』でふれているのでわかります。ただ、右の論文が執筆されたのは、ずっとあとの一九一三年（大正二年）ですから、柳瀬勁介を刊行時に読んだのかどうか、右の一文を書くためにお

台湾総督府
日本が台北に設置し、台湾を統治した。一八九五年（明治二十八年）～一九四五年（昭和二十年）まで機能した。

柳田国男
詩人として出発するが、三十代半ばから民俗学に関心を抱き、『遠野物語』など、たくさんの著作がある。一八七五年～一九六二年。

くれて目を通したのかもしれません。ただ、柳瀬勁介の本の出た翌年、柳田国男は専修大学の講義で「えた」について語っています。となると、『社会外の社会』に刺激を受けたのではないかと勘《かん》ぐりたくなります。

Q 6 『破戒』以前に部落の本はあったのですか？

『破戒』の部落像について、刊行当時の反響はどんなものでしたか。また藤村に影響をあたえた部落の小説があったのでしょうか？

民俗学の樹立者として知られる柳田国男は島崎藤村より三つ年下です。最初の著書である『後狩詞記《のちのかりことば》』を自費出版したのも、『破戒』から三年後です。しかし、『破戒』とちがってこちらはまったく売れませんでした。

その両人が知りあうのはずっと早くからで、わたしの見た本では、一八九五年(明治二十八年)とするのと、その翌年とするのと二説がありました。もっとよく調べればよいのですが、ここはアバウトでよいでしょう。ふたりは本郷《ほんごう》の「文学界」の出版元に出入りしていて言葉をかわすようになるのです。藤村二十二歳ぐらい、柳田国男は十代の最後ぐらい、いろいろと論じあうには最適の年齢でしょう。

知りあってから数年後に、柳田国男は愛知県の伊良湖岬《いらこざき》に旅をします。浜で椰子《やし》の実《み》をひろい、日本の民族がどこからきたのか、水平線に目をやり、「海の道」

について考えます。そのことを藤村に話すと、すぐに、「椰子の実の話をくれたまへ、だれにもいわずにくれたまへ」と、藤村はすごく乗り気になったそうです。のちに、「名も知らぬ遠き島より、流れ寄る椰子の実一つ、故郷《ふるさと》の岸を離れて、汝《なれ》はそも波に幾月」という詩になりましたから、右のエピソードも、よく知られました。

ふたりの関係を考えると、もし島崎藤村が部落に関心をいだいたとしたならば、そのことで話す相手は柳田国男が最適でしょうが、この時期、藤村は小諸にいますから、ひんぱんに会っている様子はありません。しかし、『破戒』がでるとすぐに書評してくれるのも、この後輩《こうはい》です。明治三十九年（一九〇六年）五月に「早稲田文学」にのります。

批評はそうとうに辛口《からくち》です。柳田は『破戒』を評して、穢多への排斥《はいせき》は作品に書かれているほどつよくないというのです。

「小説としては十分納得出来ない點《てん》が多いのです。其《その》一つは新平民と普通の平民との間の闘争が餘《あま》り劇《げき》し過ぎるやうに思ふ。信州の穢多は別に研究したことはありませんが、私が他の諸地方で多少観察《かんさつ》した所からいへば、此様《このよう》な非道《ひど》い争《あらそ》ひはない。餘程事實《よほどじじつ》から遠い」

と指摘《してき》しました。また、「お寺の様子がどうも本當《ほんとう》らしくない」といい、藤村が真宗と穢多の関係にふれなかったのがものたりない、などと書いています。わたしはなにも藤村びいきでいうのではありませんが、柳田の批評はしばしばないものねだりになりがちです。「私が他の諸地方で多少觀察した所からいへば」といったいいかたをして、自分の領分に話をもちこむためにあえて相手の欠落《けつらく》を指摘します。同時に「信州の穢多は別に研究したことはありません」と逃げ道を用意しています。『破戒』は信州長野の「穢多」について書いてあるのですから、そのことを知らないなら、ケチをつけてはなりません。

柳田国男の柳瀬勁介への批評も乱暴なものでした。『喜田貞吉と部落問題』（三一書房、一九九九年）で書きましたから、ここではくりかえしませんが、この『破戒』を批判した時期の柳田の部落への理解は、「牧畜を常習《じょうしゅう》とせる別の民族」というような荒唐無稽《こうとうむけい》なものだったのです。専修大学でのかれの講義録を読むかぎり、おさむいかぎりです。

この柳田国男の批評にくらべて、夏目漱石の「破戒読了。明治の小説として後世に伝うべき名篇《めいへん》なり」と友人への葉書《はがき》に記した言葉のほうが、はるかに素直ではないでしょうか。

藤村の反論

柳田国男の『破戒』評への藤村の反論が『新片町より』「山国の新平民」にあります。最初のほうと、最後の数行がそれです。

→資料① 二三四頁。

話をもとにもどしますが、藤村の『破戒』以前には、『社会外の社会』一点しか見つからないのです。ただ小論文では、横山由清《よこやまよしきよ》の『日本人種論並良賤ノ別』など数編があり、久米邦武《くめくにたけ》の『穢多非人の由来』は比較的にまとまったものかと思います。「史学会雑誌」という、いまにつづく雑誌（「史学雑誌」）の第一篇第十三号に発表されています。一八九〇年（明治二十三年）の発表で、その二年後、久米邦武は、『神道《しんとう》は祭天《さいてん》の古俗《こぞく》』という論文を書いて、帝国大学（東京大学）を追われます。以降、郷里の同僚の大隈重信《おおくましげのぶ》にまねかれて東京専門学校（早稲田大学）の教壇《きょうだん》に立ちました。

物議《ぶつぎ》をかもした『神道は祭天の古俗』の内容は、神道の基盤は天への感謝で、これは世界共通の「古俗《こぞく》」であり、そこにとどまったままの宗教だというのです。このような宗教による「祭政一致《さいせいいっち》」は国民を愚《おろ》かなままにとどめておくことになると断じました。

これに対して、神道家と国学者が天皇への不敬《ふけい》だとさわぎたてたのです。論争を展開するのではなく、天皇をかつぎだして相手をほうむろうとしたわけです。一八九二年（明治二十五年）のことです。司馬遼太郎は明治という時代を「国家の青春」にたとえて、こころざしを自由に発現できた社会のように見ていますが、実情

横山由清

一八二六年（文政九年）に江戸に生まれ、和学講談所教授。維新後、元老院少書記官になる。晩年は東京大学法学部で日本古代法制史を講じた。一八九七年没。

久米邦武

佐賀藩出身。岩倉全権使節に随行し、『特命全権大使米欧回覧実記』を書いた。一八三九年～一九三一年。東京のJR目黒駅前の久米美術館は、邦武の本とその子桂一郎の絵を展示している。

久米美術館のパンフレット

は久米邦武の論文すらゆるされない社会でした。

　このように見てくると、『破戒』に先行する部落の本は数えるほどしかありません。猪子蓮太郎のような堂々とした社会運動家はいまだに見つかりません。中江兆民《なかえちょうみん》の名が頭をかすめましたがどうでしょうか。ルソーという接点がわずかにありますし、大阪の部落・渡辺村に住むほどの理解者ですが、持続して部落民のための運動をつづけた人ではありません。

　つまり大江磯吉ら、モデルはいたとしても、それを藤村はなぞったのではなく、このような人がいてほしいという願望《がんぼう》を付加《ふか》しています。あるいは、近代の日本の社会になぜ、このような気概《きがい》のある人物が出てこないのかと問うているわけです。猪子蓮太郎はそうした、理想化されたロマンチックなヒーローなのです。

　『破戒』以前に部落を論じた本はわずかですが、部落民が登場する小説はいくつかあります。さきに引用した徳田秋声《とくだしゅうせい》の『藪《やぶ》かうじ』が、雑誌「文芸倶楽部《ぶんげいくらぶ》」に載ったのは一八九六年（明治二十九年）八月号でした（→Q5）。日清戦争が終わった翌年になります。柳瀬勁介《やなせけいすけ》が台中《たいちゅう》で赤痢に倒れた年です。

　小説の内容は、成功した部落民の医者の家庭の話です。その娘が「何人《なんぴと》と雖《いえど》も其の艶容《えんよう》に恍惚《みと》るゝ」美女なのです。しかし縁談《えんだん》の話はうまくはすすまず、娘もま

中江兆民

土佐出身、岩倉使節団に同行、ルソーの『社会契約論』を訳した。一八四七年～一九〇一年。

徳田秋声

尾崎紅葉の門下生、自然主義文学の代表的な作家。『あらくれ』など。一八七一年～一九四三年。

た自分の素性に悩み、ついには狂気にいたり、最後には豪勢な医院も廃墟《はいきょ》と化します。四百字詰原稿用紙で三十数枚の短編ですが、その冒頭を紹介しておきましょう。

「東京近辺とのみにて村の名は逸《いつ》したり、又の名は穢多村といふは、往昔《むかし》より人間交際《ひとづきあひ》出来ざりし穢多の部落なればなるべし。革細工《かわざいく》の出る処にて、牛馬犬猫狢狸《むじな》などの革を剥ぎて太鼓を張り革櫃《かばん》を作り、近来は又靴といふもの、需要益《ますます》殖《ふ》えゆくため、人の外《ほか》に置れし穢多も、新平民の称呼と共に世の中に押出し、大分の資産作りて蒼白かりし人の顔、遽《には》かに色めきたり、家も新たに築き、田地も買ひ、学校も開けて、樹立《こだち》の際より立昇る煙、昔のやうに穢多臭《くさ》からぬ心からにや」

すこし長くなりましたが、解放令から三十年ちかくたった部落がどのように見えていたのかがわかります。また、秋声の文章がいまだ古風なのにも注意してください。

掲載誌の「文芸倶楽部」は、この前年に博文館が発行した硯友社《げんゆうしゃ》系の雑誌です。のちに泉鏡花らが活躍しますが、『藪かうじ』が載った翌月には、小栗風葉《おぐりふうよう》が『寝白粉《しんおしろい》』を発表しています。部落出身の兄と妹が市井に暮らしているのですが、妹がこれまた「目鼻立揃ひて」の美女です。前半は兄妹《きょうだい》が部落に関係していること

『寝白粉』
『寝白粉』はネット上で読むことができます。

小栗風葉
尾崎紅葉の門人、小説家。一八七五年〜一九二六年。

は隠されていますが、妹が三之助という芸達者なプレイボーイに夢中になったとたん、兄が告げます。

「今更事新《あたらし》う言ふまでも無けれど、お前も私《わし》も世に在る効《かひ》無き穢多の同胞《きようだい》！　御維新前までは夜盗《やたう》、野臥《のぶせり》よりも卑められて、人間並の交際《つきあい》さへも出来ざりし身上《みのうへ》なり。今でこそ四姓の中に加へられて、人並に平民の籍には入りながら、未だ世間では新の字を附けて、依然《やはり》人間の仲間では無いやうな待遇《あしらひ》」

兄の訴えは延々とつづきます。

出自を知っても妹は三之助をあきらめようとはしませんが、相手のほうはてのひらをかえすように見捨てて、二度と会おうとはしませんでした。兄妹はすみかを変えてひっそりと暮らしていましたが、風呂屋で妹を見た世間の女房らが、「乳首の色、腹の形《なり》」についてうわさするようになります。そこで小説も終わります。兄妹相姦《そうかん》を暗示しているわけで、そのために発売禁止になりました。『寝白粉』には部落についての記述はなく、世間の目のほうに重点が置かれているといえましょう。

「文芸倶楽部」には藤村も詩を載せたりしていますので、これらの小説を読んだ可能性はたかい。しかし、とりたてて影響をうけなかったのではないでしょうか。

Q 7 清水紫琴の『移民学園』と類似していますが？

『破戒』の七年まえに発表された『移民学園』の話は、やはり父から隠せと命じられた部落出身の美女にして才女が主人公です。ラストでは新天地へ出発します。

清水紫琴《しみずしきん》の『移民学園《いみんがくえん》』という作品もまた「文芸倶楽部《ぶんげいくらぶ》」に掲載されました。『藪かうじ』などから三年後、一八九九年（明治三十二年）八月になります。藤村が小諸義塾に就職した年で、『破戒』よりは七年早く書かれています。

表題の「移民学園」というのは、作品のラストで、「あらゆる新平の子女を我が手に購《あがな》ひ得つ」理想郷《りそうきょう》をつくろうとする、その学校の名が「移民学園」なのです。「新平《しんぺい》」という言葉がでてきましたが、これは、解放令後に平民に編入された部落民を呼んだ言葉「新平民」のことで、「購《あがな》ひ得つ」というのは、つぐないをこめて世話をするという意味でしょうか。

紫琴こと清水豊子《しみずとよこ》は明治元年に岡山県和気郡片上村《わけぐんかたかみむら》の庄屋に生まれました。役人の父について京都に移住し、「女権拡張《じょけんかくちょう》」の運動を始めます。植木枝盛《うえきえもり》らと

『移民学園』
『紫琴全集』（全一巻）草土文化、一九八三年刊。ネットの「青空文庫」でも読むことができる。

植木枝盛（左頁写真）
土佐藩出身で自由民権運動の指導者。板垣退助と自由党を結成。婦人解放などの活動も行う。一八五七年～一八九二年。

中江兆民《なかえちょうみん》を訪ねたり、大井憲太郎とのあいだに一子をもうけたりしています。

『移民学園』は、三十二歳のときの作で、四百字詰の原稿用紙で五十枚ほどのものです。作品の文学的な価値はほとんどないでしょう。樋口一葉《ひぐちいちよう》の影響を受けた雅《が》文《ぶん》で、新しい女にしては少々古風です。そのような作品にここで拘泥《こうでい》するのは、内容が『破戒』に近接しているからです。そのことを指摘する論考もすでにいくつもあります。

わたしの知るかぎりでは、そのことを指摘したのは笹淵友一《ささぶちともかず》『島崎藤村と自然主義』(「東京女子大学附属比較文化研究所紀要第四巻」)で、一九五七年(昭和三十二年)のことです。『破戒』が発表されてからではずいぶんおそく、いまから見れば早い。清水紫琴がわすれられていたころですから、笹淵友一も、『移民学園』と『破戒』が似ていることを指摘する程度で、論考の中心は、丑松の近代的な自我の苦悩に重点をおく平野謙的な読み方を批判し、部落を主題にした小説としてとらえなおそうというものです。

その後、一九八四年(昭和五十九年)に、川端峻英が、この問題を清水紫琴の側からとらえなおし、「明治二十四年六月、明治学院普通学部本科を卒業した藤村が、その年の九月頃、木村熊二の紹介で『女学雑誌』の編集手伝いを始めたとき、同誌

大井憲太郎
豊前の出身。自由党に参加、一八八五年(明治十八年)大阪事件(朝鮮に独立党政権の樹立を計画した)で捕まった。のち衆議院議員。一八四三年～一九二二年。

木村熊二
一八四五年(弘化二年)京都に生まれ、アメリカに留学。帰国後、明治女子校校長を経て小諸義塾の塾長になり、島崎藤村らを教師に招いた。一九二七年没。

の編集に携わっていたのは清水紫琴や川合山月《かわいさんげつ》らであった」(『「破戒」とその周辺——部落問題小説研究』文理閣、一九八四年)と、藤村と紫琴が面識《めんしき》のあることもあきらかにしました。

その『移民学園』の内容は、年齢四十歳で政党内閣の大臣にもといわれる今尾春衛に嫁した清子が、じつは部落民であったという設定です。清子の父は医師の子でしたが、放蕩《ほうとう》のあげく富裕な部落の家の入り婿《むこ》になったのでした。娘の母は早く死にます。父はおさない清子をつれて東京に身をひそめ、高利貸《こうりがし》をほそぼそと営みながら、娘にハイクラスな学問をあたえます。

清子が「珠の輿《たまのこし》」に乗ると父は身を隠します。

「子細《しさい》のあれば、身を隠す、我は現世になきものと、ひとへに良人に冊《かしづ》けよ」

「なまじひなる孝念に、我が所在を探らむは。我が志を傷つけて、我が耻辱《ちじょく》を世人の前に、曝露《ばくろ》する所為《しょい》たるなり」

などと父はきつくいいます。自分が部落の出《で》とは夢にも思わない清子にはなぞの言葉です。

しかし、その父が病魔《びょうま》の床にふし、今わの際にいることを清子に知らせた隣人がいました。おどろいて清子が手紙の住所をたずねると、そこが柳原庄、銭坐跡村《ぜにざあとむら》

川合山月

川合信水《かわいしんすい》ともいう。一八六七年、山梨県に生まれる。東北学院大学の日本地理・歴史の教授。

銭坐跡村

京都駅東側、東海道線と奈良線が分離するあたり。崇仁地区の南部。一八八九年(明治二十二年)に清水紫琴は柳原部落で講演している。

でした。作者が京都在住のころの記憶で書いたのでしょう、明治期の部落の貴重な描写が今日につたわります。以下に引用しますが、いまから見れば差別的ないいまわしもあるでしょう。でも、これが、当時の町の姿であります。

「ここ銭坐村といふを見れば。右も左も小さき家の、屋根には下駄《げた》の花緒《はなお》を乾《ほ》し、泥濘《ぬか》りたる、道を跣足《はだし》の子供らは、揃《そろ》ひも揃ひし、瘡痂《かさぶた》頭、見るからに汚《きたな》げなるが、人珍しく集ひ来て、人力車の前後に、囃《はや》し立つるはさてもあれ、この二三町を過ぎ行くほどは、一種の臭気身を襲ひ、えもいはれぬ、不快の感を、喚び起こせるも理や。葱《ねぎ》の切れ端、鼠の死骸の、いつよりここには棄てられけむ、溝には塵芥《ごみ》の堆《うずたか》く、たまたま清潔《きよ》き家ぞと見るも、生々しき獣皮の、内外には曝《さら》されたる、さりとては訝《いぶか》しさを、車夫に糾《ただ》せば、個《ここ》は穢多村なりといふ」

この時代は貧民窟《ひんみんくつ》のルポがはやった時代で、パターン化した描写になっているかもしれませんが、この小説のいたらなさは、町の描写よりも、清子が絶世の美女であること、また、清子の父が医者の子であることなどと救済を図っていることでしょう。当時の読者が、清子の父が穢多ではなくて医者の子であるのに、すこしほっとするという仕組みになっている。もちろん、これこそ差別的ですね。

ただし、夫の今尾春衛は清子の身元が判明しても、離婚するなどとは毛頭《もうとう》考え

清水紫琴と植木枝盛

右端の女性が紫琴、立っているのが植木枝盛。

『移民学園』の設定

父親は部落民ではないのに、その娘は部落民と位置づけられています。血統の問題ではないという認識が背後にあるのでしょう。生まれた場所が問題なのです。

ないで、逆に世間がうるさいだろうと大臣のいすを捨てました。「人道の為、しばらく身を教育事業に転じ」ようと決意しました。

それにしても、身を隠した清子の父親、その危篤《きとく》に際して主人公がはるばると汽車で訪ねること、それが契機になって身元が世間に知られてしまうこと、絶世の美女の存在、最後に北海道へ夢をもとめて行くこと、出発の日の場面で小説が終わることなど、いくつものモチーフが『破戒』に似てないとはいえません。どうでしょうか、『破戒』はこの小説の影響下にあるのでしょうか。

『破戒』以前の小説をさがしながら、『破戒』について書かれた論文を一、二紹介しましたが、ほかにもいっぱいあります。これほど熱心にあれこれ論じられる本もめずらしいでしょう。小説の舞台を現地踏査《とうさ》したものや、背景を詳細に分析したもの、同和教育に資するためのテキストなどもあります。わたしは今回、それらから、おおいに勉強させてもらいました。

土下座して丑松が告白する場面にも、『罪と罰』のラスコーリニコフが大地にひれふしてゆるしをこう影響があり、ここのところを部落の人が読むと不快でしかない。こんな屈辱《くつじょく》を甘受《かんじゅ》するいわれはない。あんなことがあるものかというのもありました。エピローグで丑松が日本を脱出してテキサスにむかうのを「逃亡」ときめつけた本もなん冊か読みました。みなさん、一応は『破戒』の欠点をきびしく弾劾《だんがい》（批判・攻撃すること）する必要をみとめているようでした。

しかし、ひとつの物語は、それが書かれた時代に置いて検討しないとフェアーではない。そうではないでしょうか。柳田国男のないものねだり同様、百年ものちになって見えてきたことで、手きびしい批判の言葉をなげつけるのはおとなげない。テキサス逃亡が、「解放」ではなくて、「逃亡」だと、いまの時代でいうのはかんたんです。しかし、この現代の考えについても再検討する時期にきています。あとでゆっくりと考えてみましょう（→Q9）。

『破戒』は近代の部落の置かれている状態について多面的にとらえた最初の本でした。わずかな灌木《かんぼく》しか生えていない土地に、突如、巨木が立ったのです。そればかりではありません。その後の本が、この書を越えることができたかというと、できたとはいえません。史的唯物論の歴史家がもっと精密な部落の俯瞰図《ふかんず》を書くことができたかというと、そうではありません。住居すゑの植えた木がもっと高いかというと、そうではありません。そのことをみなさん、うすうすと気がついていますので、この風変わりな百年まえの「日本文学」の文庫をいまも愛読しているのです。

住居すゑ

『橋のない川』はロングセラーになり、映画化もされた。

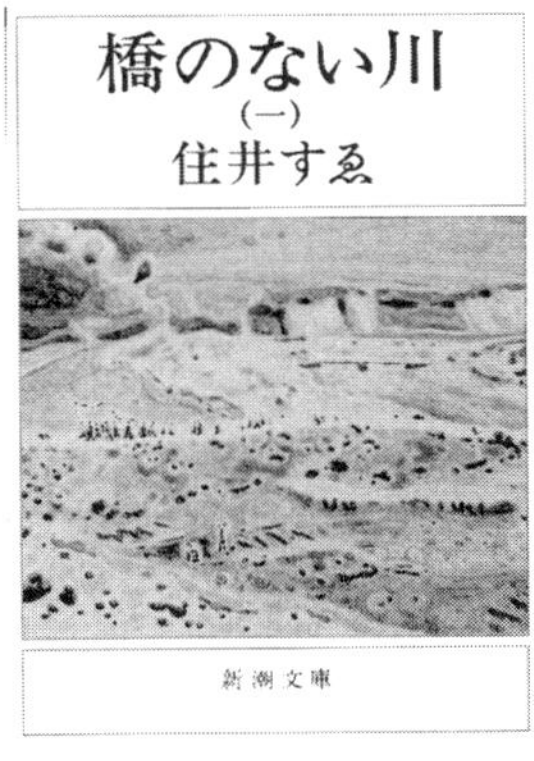

Q8 『破戒』はなぜ批判されたのですか？

人々に部落の問題に目を開かせた『破戒』を禁書にしたのは部落の青年有志でした。なぜそんなことになったのでしょう。批判されたのは作品のどの部分ですか？

しばらくのあいだ『破戒』は、部落問題の入門書でもありました。一般の人が気軽に手にとって読むことができる唯一の本でした。部落に関するこのような本はほかにありません。信じられないことかも知れませんが、部落の人たちも、この本から部落のことを学んだのです。沖縄をのぞく日本全国におなじような部落が無数に点在していて、そこには丑松のように苦悩する人がいると知ったのです。一八七一年（明治四年）の解放令でなくなったはずの部落がそのままのこされていました。江戸時代とおなじように一般社会から隔離《かくり》され差別されていたのです。

明治三十九年（一九〇六年）に『破戒』が刊行されてから二十数年、ここに書かれている内容に疑問を発する人はほとんどいません。小説への批評としては、さきの柳田国男のように部落についての認識に疑問符《ぎもんふ》をつけた人はいても、作品内容を

緑蔭叢書の『破戒』（一九〇六年）

問題にする意見はありません。おおむね好意をもって受けいれられていました。それに抗議することなど思いのほかでした。

それがゆっくりと、そうではなくなります。歴史というのはじつにふしぎなものだと、わたしは感心します。

『破戒』という作品は、もちろん変わりません。もとのままなのに、内容のおかしさを言葉にする人たちがあらわれました。時代のほうが変化したのです。

批判・非難の声をあげたのは、一九二二年（大正十一年）に結成された水平社《すいへいしゃ》の人たちでした。かれらはそれ以前の「融和の思想」ではなく、部落民自身が立ちあがって差別の根を絶つという「自主の考え」を基本にしております。この運動の展開過程で、『破戒』は出版停止に追いこまれます。一九二九年（昭和四年）の新潮社版を最後にして絶版になりました。

なんとしたことでしょう、隠《かく》すか顕《あら》わすかを問うた『破戒』そのものが、こんどは隠されてしまったのです。内容が気にくわないから「隠せ」と水平社の人はいったのです。どのような内容が批判の対象にされたのでしょうか。

これらのことについてもまた、すでにたくさんの本が書かれています。現在発売中の新潮文庫にも、一九八二年（昭和五十八年）以来、北小路健の詳細な解説が

全国水平大会ビラ

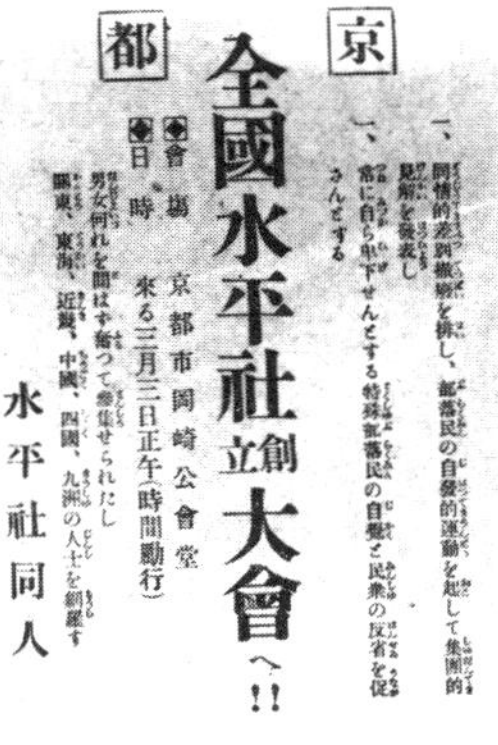

（『全国水平社七十年史』解放出版社より。五八頁、七〇頁の写真も同じ）

ついています。くわしく知りたいかたは、それらを参照にしてください。

ここではおおまかに、一、二を指摘するにとどめます。

まず批判されたのは部落の起源に関する記述についてです。

父が丑松に「隠せ」と教える数行まえです。

「東海道の沿岸に住む多くの穢多の種族のように、朝鮮人、支那《しな》人、露西亜《ロシア》人、または名も知らない島々から漂着したり帰化したりした異邦人の末とは違い、その血統は古《むかし》の武士の落人《おちゅうど》から伝わったもの、貧苦こそすれ、罪悪の為に穢れたような家族ではない」

と、藤村は丑松の父親に語らせます。

このセリフは説明的で、父親の声にはなりきっていませんし、「異邦人」にかかる前文がながすぎて悪文の典型といえましょう。取材したときのメモ帳からぬきだしたみたいです。『破戒』を書くにあたって、島崎藤村が小諸市の加増《かます》の荒堀部落をたずねたことがわかっています。そこのお頭《かしら》の高橋弥右衛門《たかはしやえもん》に話をうかがっています。たぶんここに書かれた内容もそのとき、お頭の口からでたのでしょう。いかにもありそうな話です。

信州の部落は「古の武士の落人」であるというのです。落武者を祖先とする考

※新潮文庫版『破戒』一三頁。

『新片町より』「山国の新平民」に記述されています。

→資料①　二三四頁。

えは各地の部落にあります。実際、ほんとうに落武者から始まった集落もあるでしょう。鎌倉時代の武士と部落の関係はきわめて密接なものですから、あってもおかしくない。しかし、大部分の部落の形成はちがいますから、このような落武者伝説が各地の部落にひろまった時期がいつかあったわけです。それが江戸時代以前かどうか、わたしは知りませんが、いまは賤視されているがもとは武士だといいたい。自己をなぐさめ、かざる言葉と見ていいでしょう。

藤村が信州の小諸の人に取材したため、東海道にくらべて中山道《なかせんどう》が優位だという話になっています。東海道の部落で聞き取りをしたら逆になっていたかもしれません。どちらでもいいのですが、藤村の内部では柳田国男から聞いた話がここにくっついてしまいます。さきにも書きました椰子の実の話です（→Q6）。

「名も知らない島々から漂着したり帰化したりした異邦人」という『破戒』のなかの一文は、まさに「椰子の実」の詩ではありませんか。柳田国男が伊良湖岬《いらこざき》の浜で椰子の実をひろい、日本の民族がどこからきたのか、かれらがやってきた「海の道」について考えた。それを藤村に話しました。まだ部落の起源についてだれも論じていない時代です。藤村はかれらこそ、海のむこうからきた人たちかと夢想したのでしょう。「名も知らぬ遠き島より」と詩でうたい、『破戒』では、「名も知らな

「海の道」
フィリピンから流れてきて日本の岸を北上する暖流で、民族文化の交流に役立ったと柳田国男はくりかえし論じた。

い島々から漂着したり」となるのです。

もちろん、東海道の部落と長野県の部落で、実際にはこのようなちがいはありません。

水平社の人たちは、『破戒』のここのところを批判・非難しました。部落の起源がまちがっている。とんでもないことを書いていると息まきます。藤村はおどろいたでしょう。二十数年間、この書は感激をもって受けいれられていたのです。それがいまや攻撃される。しかも、一般市民の狭隘《きょうわい》な心性からではなく、同情をこめてえがいた当の部落民のほうから文句がついたのです。たしかに、部落の起源がまちがっているといわれると反論はできないでしょう。お頭《かしら》から聞いたままだといってもいいのですが、それを小説に書きとめたのは藤村です。そして、藤村自身も部落の起源を問いつめられるとこたえられません。あいまいなのです。

しかし、藤村を批判した側の思想にも、言及しないわけにはいきません。水平社の人たちの反発のなかに排外思想があったことを見すごしてはなりません。かれら部落の若者がカチンときたのは、「朝鮮人、支那人、露西亜人、または名も知らない島々から漂着したり帰化したりした異邦人の末」というところにあったのです。なにも「落武者」という逃げの言葉にうさんくささを見たのではないのです。かれらの腹立ちは、部落民が「朝鮮人、支那人、露西亜人」の末裔《まつえい》かという、その指摘にありました。日清・日露戦争のあとでは、これら外国人は蔑視《べっし》の対象でしかなかったのです。いっしょくたにされてたまるかと怒ったのですから、かれら水平社の面々には民族差別があったということです。

「水平社宣言」で、「人間を勦《いたわ》る事がなんであるかをよく知っている吾々」と書いた西光万吉《さいこうまんきち》ですら、「朝鮮民族は大和民族より一段劣る」と、のちに書いています。なお、「勦《いたわ》る」というのは、「労《いた》わる」と同義だとする解釈が一般的です。「労る」、つまり「慰める」わけです。しかし、「勦」という字が正確に使用されているならば、これは「イジメ」だと思いますが、いかがでしょうか。

それはともかく、「人間を勦《いたわ》る事がなんであるかをよく知っている吾々」というのは、ほかの人を差別しないという意味でもあります。その西光万吉ですら、のちに「満州」に出かけたとき、土地の人を見て、「脳漿《のうしょう》も心臓も泥で造られているであろうこの奇怪な裸虫」と形容しているのです。この排外意識におどろくばかりです。夏目漱石もまた、「支那のクーリー」について、「一人見ても汚ならしいが、二人寄ると猶《なお》見苦しい」と記しました。

しかし右のようなことは、事件から八十年もたった今だからいえるのです。当

西光万吉

水平社結成に重要な役割を果たした西光万吉は、一九三九年（昭和十四年）に「満州国」を視察旅行し、その見聞を「新生運動」という新聞に記した。

夏目漱石

『満韓ところどころ』『朝日新聞』一九〇九年（明治四十二年）十月から十二月にかけて連載。ネットの「青空文庫」で読める。

時は水平社の人たちの排外思想を難《なん》じる日本人はいませんでした。みんなアジアに対しては優越感にひたっていたのですから。藤村もまた抗議されて恐縮するだけでした。「朝鮮人、支那人、露西亜人」と記した自分の心に、これらの人たちをひくく見て、それを部落とむすびつける精神のうごきがあったのに気がついていました。

Q9 新天地への移住はまちがいですか？

『破戒』の結末だけでなく、おおくの書に新天地への出帆が描かれました。差別される土地から、そうではない土地に移住しようと考えるのは不自然ですか？

ふたつめに批判の対象にされたのは、被差別民の描写でした。たとえばQ４の「明治の部落はどんなすがたなのですか？」で引用した左の一文は、「差別感を助長する」としてきびしく断罪されました。

「屠手として是処《ここ》に使《つか》役われている壮丁《わかもの》は十人ばかり、いずれも紛《まが》いの無い新平民――殊《こと》に卑賤《いや》しい手合と見えて、特色のある皮膚の色が明白《ありあり》と目につく。一人々々の赤ら顔には、烙印《やきがね》が押当ててあると言ってもよい」

この文章を書いた藤村の心裡《しんり》に、惰性化《だせいか》した差別感があるのはまちがいないでしょう。あるいは、この時代、あらゆる国の文学に、社会の底辺《ていへん》にいる人を描写するとき、このような表現が使用された、ともいえます。当時の新聞の文章もえげつない。翻訳の小説にも、わざと毒々《どくどく》しい表現がえらばれました。

現在のわたしが右の引用を読むと、相反するふたつの感想をいだきます。

藤村の文章に差別観があるのはすぐにわかります。しかし、差別観があるがゆえに、当時の屠場ではたらく労働者の姿がきわめてリアルに描かれたのではないかというものです。「一人々々の赤ら顔には、烙印《やきがね》が押当ててあると言ってもよい」という表現からは、「屠手」と呼ばれる労働者がどのような顔に見えるのかがつたわります。仕事によって顔つきはかわります。ここで遠慮して美化した文章をつづれば、かれらが真実、きびしい作業や差別の渦中《かちゅう》にいることがうすれてしまうのです。

しかしまた、ここにはエリート藤村が垣《かき》の外からながめる視線がうかがえます。丑松が「屠手」をしていて、その目で仲間の姿を描いたのならこうはならない。いや、丑松は「屠手」でなくてもいい。作者藤村が「屠手」の視点を獲得していれば、ここの労働の場面はまったくちがってきます。仕事の運びがスムースに行ったことへの満足とか、手順がくるったことへのあせりとか、汗がやたらと流れでてくるのは体調がよくないのではないだろうかとか、金銭や家族の心配事とか、屠手ひとりひとりにいろんな気持があります。そのような視点に立っていれば、たとえば単語や文節《ぶんしょく》に、「殊《こと》に卑賤《いや》しい手合」と記そうとかまわない。

右の相反することを指摘したうえで、なお思うのは、藤村が「屠手」ならば、と書きましたが、ほんとうにそうならば、このようにつきはなした描写はできないだろう。うまくリアリズムが確保できたかどうかはわからない。小諸で学校の先生をしている人が初めて「屠場《とじょう》」に足を踏み入れた。だから、なにもかもが新鮮でめずらしい。感情もはげしく高揚して感覚も鋭敏になっている。それで右のような文章が書けた。つまり藤村が「屠手」の一員であったならば、差別する度合はすくなくなりますが、リアリティーのある表現にならなかったかもしれない。

だらだらと書きましたが、要は、表現と差別は紙一重《かみひとえ》のところにあることをわかっていただきたいのです。あるいは、表現と差別は紙の裏表なのかもしれません。

例をあげますと、小説家にしろコミック作家にしろ、個性のある登場人物をつくりたいとき、かれらの両手があるのと、右手が交通事故でなくなっている場合では、読者の全員が後者のほうに存在感をおぼえてしまう。あるいは、平均的な身長よりも、極端にたかい人、極端にひくい人のほうが、読者によって記憶してもらえるのです。ビヤ樽《だる》のような肥満、枝のような手足をした痩身《そうしん》、美男・美女もおなじです。これはなんなのでしょうか。「イレギュラーの法則」とか「欠如の法則」とか、そんな名前をつけたいのですが、かなり差別の領域にちかいですね。日常の生

活ではイレギュラーした人を差別して遠ざけたりするくせに、物語ではそれをもとめる。名探偵は、外国人であったり、車椅子に乗っていたり、ずんぐりむっくりであったり、よごれたトレンチコートを着ているほうがいいようです。

話をもどしますと、三つめの批判の対象は、作品のラストで丑松がテキサスへ行きますが、それが逃亡として断じられたのです。なぜなのでしょう。差別のきびしい土地を離れて、新天地に夢をたくすのはそんなにわるいことでしょうか。そのようなことは藤村が考えたことというより、むかしからありました。為政者《いせいしゃ》も計画しましたし、当の部落民も考えました。

スラムの住民、貧困層、失業者などを、遠隔《えんかく》の土地にうつして問題の解消をはかろうとする考えはいつの時代にもあります。ふるくは、朝廷とエミシが対峙《たいじ》していたとき、東北の荒野を開墾したのは、京洛《きょうらく》から移された浮浪の民だった。江戸時代の末期には、北の守りを固めるために、野非人《のびにん》たちを北海道に送ろうとしています。そして真摯《しんし》に部落の窮乏《きゅうぼう》をうれえて、『社会外の社会　穢多非人』を著《あらわ》した柳瀬勁介《やなせけいすけ》もまた台湾への移民を計画したのです。水平社結成まえの西光万吉《さいこうまんきち》が村ごとインドネシアのセレベス島（スラウェシ島）に渡航しようとしていたのは有名です。戦前に朝鮮や中国にわたった多くの部落民も、そこに差別のない世界をもとめ

野非人

江戸時代、土地を離れて乞食《こじき》になった人たちは、非人小屋に抱えられ、非人人別帳（別帳）に記載される制度がありました。貧民救済の一つですが、小屋に抱えられて抱非人《かかえひにん》になるまでの無宿人を野非人といった。いまの路上生活者・ホームレスにあたる。

たのはいうまでもありません。それらの計画がたまたま、日本帝国主義の海外への膨張政策と一致しました。そのことは、いまでは明らかですが、それだけで、「移住」が非難されるいわれはありません。

丑松がいた下宿から、「彼《あれ》は穢多だ」といわれて追放された大日向《おおひなた》という金持ちがいました。このときの屈辱に奮発心《ふんぱつしん》をおこし、アメリカのテキサスに農場をひらき、教育のある青年をひとり紹介してほしいと人づてにもとめてきました。学校を辞めた丑松はこのさそいにのりました。

飯山から出発する日、見送りの人と雪のうえを歩きながら丑松は自分の人生について考えます。

「猜疑《うたがい》、恐怖《おそれ》——ああ、ああ、二六時中忘れることの出来なかった苦痛《くるしみ》は僅《わず》かに胸を離れたのである。今は鳥のように自由だ」

テキサスへ行けば差別をこうむることはないだろうと思うのです。

このように、治者だけではなく、当事者も積極的に選択した新天地への移住が、なぜ突然に批判の対象にされたのでしょうか。そこをはっきりとさすためには、つよい批判を『破戒』にあびせ、やがてこの書を隠してしまった水平社の思想を知らなければなりません。

Q 10 水平社の運動はなにをめざしたのですか？

「水平社宣言」は西光万吉らの思想のカオスです。マルクス主義、仏教、キリスト教、人道主義などヒューマニズムが混淆する宣言をどう読めばいいのですか？

水平社の運動が興《おこ》って、『破戒』は発売停止になります。なぜそんなことになったのでしょう。水平社の結成をくわだてた部落の若者は、だれもがこの書物から刺激を受けたのではないですか。十代のころに胸がしめつけられる思いで読んだ本をいまや否定する。それはそのころの自分を批判することと同じです。なぜそのようなことができたのでしょうか。それはきっと、イデオロギーの力によってのみ可能なのです。

そこで、水平社に結集した参加者がどのようなイデオロギーを共有していたのかを検討しなくてはなりません。一見、面倒に思えますが、この運動について記した本もたくさんあります。わたしより、うんとわかりやすく精確に書いてありますから、くわしいデータはそちらを見てください。

左から坂本清一郎、楠川由久、西光万吉、平野小剣。

水平社は一九二二年（大正十一年）に結成され、一九四二年（昭和十七年）に自然消滅した差別撤廃を目ざす運動体です。「絶対の解放」をたかくかかげた部落民自身の戦闘的な組織です。わずか二十年ほどですが、戦前戦後におおくの影響をのこしました。

その出発点での思想は、「水平社宣言」に読みとれます。書いたのは西光万吉《さいこうまんきち》ですが、関東から参加した平野小剣《ひらのしょうけん》などの考えもダブっています。とはいえ、この宣言には個性と文体があります。ほかの宣言類が大多数の意見を集約した結果、無味乾燥の駄文に堕《だ》すのとちがい、ここには生《なま》の声があります。そのような生の宣言から運動が出帆《しゅつぱん》したことはほんとうによかったと思います。この宣言に関する本もいっぱいありますから、わたしはごくかんたんに、「水平社宣言」に流れこんでいる思想を列挙するにとどめます。それは執筆者の西光万吉がたどってきた思想遍歴《へんれき》でもあります。

本名は清原一隆《きよはらかずたか》といいます。

奈良県御所《ごせ》市柏原の西光寺に、一八九五年（明治二十八年）に生まれました。藤村より二十三年おそいことになります。

西光寺は浄土真宗本願寺派（西本願寺系）で、この「部落の寺院」でそだちまし

平野小剣

福島市に一八九一年（明治二十四年）に生まれ、新潟県柿崎町の平野家の婿養子になる。印刷工になり一九二一年の同情融和大会で「檄」をまいた。のち右翼に転向し大陸浪人になった。一九四〇年（昭和十五年）没。「檄」は拙著『差別語と近代差別の解明』（明石書店）で読める。

た。得度《とくど》も受けていますから、当然、仏教思想が西光万吉の土台にあります。水平社宣言にやたらと仏教的な語彙《ごい》が出てくるのはこのためです。絵をこころざし、十八で上京して、谷中《やなか》の太平洋画会《たいへいようがかい》研究所で勉強します。高村光太郎と結婚する長沼千恵子がここで勉強し、雑誌「青鞜《せいとう》」の表紙を書いたりしていた時期とかさなります。当然、「パンの会」の旧制打破の芸術革命の風にさらされるわけです。第一次世界大戦、ロシア革命、米騒動とつづく世相で、西光万吉はゴーリキーの『どん底』やトルストイの『懺悔録《ざんげろく》』などに接します。

しかし、西光万吉は差別のために絵画の道を断念しなければならなくなります。故郷の柏原にもどり、セレベス島移住を仲間と画策しますが、「五四運動」など排日のうごきが盛んになり、外務省が海外移住を禁じてしまいました。

計画が挫折《ざせつ》したあと、なにをすればいいのかまよいながら、神戸市新川《しんかわ》スラムに賀川豊彦《かがわとよひこ》をたずねました。こちらは一八八八年（明治二十一年）の生まれですから、八歳先輩になります。神戸川崎造船の争議を指導し、生協を創設し、農民組合を結成した逸物《いつぶつ》です。妥協を知らない純真な熱血漢ともいえます。終生、貧民とともに歩いた宗教者でもあります。

戦後の日本は左翼のいきおいがつよく、キリスト教徒の賀川豊彦の仕事は無視

得度
出家して僧や尼になることをいう。江戸時代以降は各宗派の本山の権限になった。

太平洋画会
「太平洋画会」は、浅井忠らの明治美術会を改称して、一九〇二年（明治三十五年）に創立された。

パンの会
パンはギリシア神話に出てくる半人半獣の牧羊神《ぼくようしん》のこと。明治から大正にかけて四年ほどの期間の反自然の耽美的《たんび》な運動。木下杢太郎、北原白秋、高村光太郎、永井荷風、谷崎潤一郎などが関係した。

賀川豊彦
明治学院を卒業後、神戸市の貧民窟（スラム）で辻説法によるキリス

され、いまではわすれられていますが、わたしの考えでは、作家としても芥川龍之介や太宰治などよりもずっと重要な人物です。代表作の『死線を越えて』はベストセラーになったため風俗小説のように思われがちですが、そんなことはありません。近代文学のおおきな収穫のひとつです。

スラムに住みついて布教と救済活動をつづけていた賀川豊彦は、たずねてきた西光万吉に、産地直結の消費組合をすすめます。そして、「同情」ではなく「尊敬」することのたいせつさをおしえました。

「彼は貧民窟の凡《すべ》ての乞食《こじき》、凡ての淫売婦を尊敬した。彼は凡てを救わねばならぬ為に、凡てを尊敬せねばならなかった。それは、尊敬に値しないものは救ふ必要が無いからである」（『死線を越えて』）

という考えです。

また西光万吉は、このころ大杉栄などのアナーキストとの交流もあり、ロマン・ロランの『民衆芸術論』を大杉栄《おおすぎさかえ》訳で、『共産党宣言』を幸徳秋水《こうとくしゅうすい》・堺利彦《さかいとしひこ》共訳で読んでいます。仏教、キリスト教、人道主義、無政府主義と歩んできた西光は、最後にマルクス主義者の佐野学《さのまなぶ》に出会い、その論文の呼びかけにしたがい水平社結成を決意するのです。

ト教の伝道を持続した。労働運動、農民運動、消費者運動（生協の基）の先駆者で、代表作『死線を越えて』はベストセラーになった。一八八八年～一九六〇年。

大杉栄
香川県生まれの無政府主義者。関東大震災の際に妻の伊藤野枝とともに殺害された。一八八五年～一九二三年。

佐野学の「特殊部落民解放論」には、

「自由の空気の漲《みなぎ》る大都市や植民地に混《まじ》れ入つても、常に藤村氏の『破戒』の主人公の如く戦々兢々として身分の隠蔽《いんぺい》に惨憺《さんたん》たる苦心をする」

とあり、解放の方法として、

「部落民自身が先ず不当なる社会的地位の廃止を要求することより始まらねばならぬ」

「知識と勇気と熱情とを有する部落出身の少壮者《しょうそうしゃ》が中心となり、集団を作り、諸種の運動に従つたならば、其効果は重大であらう」

「搾取者なく迫害者なき善き社会を作る為めに、両者［労働者階級と部落の人々］は親密なる結合と、連帯的運動を為す必要があらう」

と、述べています。

このような具体的な解放の方針は、大杉栄や賀川豊彦などからは得られなかったものです。部落の青年がどうしたらいいのか、なにをしたらいいのか。さがしもとめていたことを、マルクス主義者のみがよく言い得たのです。西光万吉ら「知識と勇気と熱情とを有する部落出身の少壮者」は佐野学の理論にとびつきました。その指導のもとに、水平社の結成をなしとげるのです。

佐野学　日本共産党初期の中央執行委員長。獄中で鍋山貞親《なべやまさだたか》と連盟で転向声明を発表。一八九二年～一九五三年。「特殊部落民解放論」は拙著『差別語と近代差別の解明』（明石書店、一九九五）で読める。

ただし、大会で読みあげられた「水平社宣言」は、「全国に散在する吾が特殊部落民よ団結せよ」という冒頭の一行は、『共産党宣言』の最後の一行、「万国の労働者、団結せよ」に相当していますが、全体は西光万吉の思想の歩みをしめして、カオスな状態です。仏教、キリスト教、人道主義、無政府主義、マルクス主義、そして西光個人のロマン主義が渾然一体《こんぜんいったい》になっています。それだからこそ、この宣言はユニークなのです。それはまた、関東大震災まえの日本の社会の文化水準をもしめしています。つぎつぎに新しいものが生まれてくる盛んな時代でした。

Q11 『破戒』はなぜ隠されたのですか？

先鋭化した水平社の運動により『破戒』は糾弾の対象にされ、絶版になります。新潮社と藤村は内容を修正しました。隠すのか顕すのか。

生まれたばかりの水平社の運動がマルクス主義によって運営されていたのかどうか。各地に水平社をつくり、それらをひとつにまとめて戦いをひろげて行く組織論はどうなのでしょう。各地の水平社が、差別的言辞の横行は絶対に見のがさないという戦闘性を発揮します。これなどはアナーキズムともいえます。

やがて水平社の活動が軌道にのると、しだいに方針が変化します。西光万吉はすこし身をひいて、賀川豊彦が杉山元次郎らとつくった農民組合に力をいれます。部落問題はじつは農民問題だと考えたようで、まさにその通りなのですが、ほかの人は気がついていません。

その一方で西光は、佐野学らが結成した非合法の日本共産党に入ります。こみいった人間関係のなかでの選択でしたが、すぐに、三・一五事件で逮捕されてしま

杉山元次郎
賀川豊彦とともに一九二二年（大正十一年）に日本農民組合を創設した。一八八五年～一九二八年。

三・一五事件
一九二八年（昭和三年）三月十五日、最初の日本共産党弾圧事件。

いました。

師岡佑行《もろおかすけゆき》は評伝『西光万吉』（清水書院、一九九二年）のなかで、「西光はマルクス主義に大きな影響を受けているが、マルクス主義を絶対化せず、相対的にとらえていた」と記しています。これは親切ないいかたで、水平社結成後は、マルクス主義からすこしずつ離れて行ったのです。ひとつは天皇の問題がありました。

水平社発祥の地といわれる西光寺のある岩崎村（御所市柏原）の周辺は、神武《じんむ》天皇が国見《くにみ》をしたという話があちこちにのこる土地です。幼時の西光は神武天皇の姿を絵に描いたりして親しんでいます。やがて西光は、「天皇のもとに差別のない社会」を理想とするようになり、水平社の運動からもおおきくそれてしまいます。

そして全国水平社のほうもまた、北原泰作《きたはらたいさく》や朝田善之助《あさだぜんのすけ》らによって、いっそうつよくマルクス主義の影響下におかれます。「水平社宣言」が、「全国に散在する吾が特殊部落民よ団結せよ」と呼びかけたのは、部落のなかの支配層と被支配層とをごちゃまぜにしている、無原則なものだと批判します。宣言は「一般民」と「部落民」という身分を対立させることで、「地主」と「農民」の階級対立を隠してしまったと非難する始末です。また宣言における宗教性が断罪されます。前記の師岡祐行の評伝にはこの間のことがくわしく書いてあります。

北原泰作
大正・昭和初期の部落解放運動家。一九〇六年〜一九八一年。

朝田善之助
大正・昭和初期の部落解放運動家。一九〇二年〜一九八三年。

水平社の運動は展開の過程で、当時のさまざまなイデオロギーの葛藤《かっとう》がもちこまれてきたのです。いくつもの対立がしだいにマルクス主義にまとめられ、どんどんと先鋭化して行きます。

このようなプロセスのうちで、『破戒』もまた批判の対象にされました。どのような点が水平社から批判されたかは、さきに概略を述べました。部落の起源や屠手の描写、土下座しての告白、テキサス逃亡などです。批判されて藤村がどこまで納得したのか。糾弾《きゅうだん》はどのようなかたちでおこなわれたのか。わたしは知りませんが、その結果、一九二九年（昭和四年）の新潮社版を最後にして絶版となりました。なんとしたことでしょう、『破戒』という本そのものが隠されてしまったのです。

いまから見れば、「焚書坑儒《ふんしょこうじゅ》」のおろかな行為に水平社は手を貸したことになります。近代日本において、もっとも早く、もっとも詳細に部落について記した小説を、おしげもなくほうむりさりました。マルクス主義に影響された組織が、洋の東西を問わず、おおかれすくなかれこのような言論弾圧にいたるのはなんとしたことでしょう。もちろん、宗教にもおなじような面がありますし、天皇制の日本国の全体がそうであったともいえます。久米邦武の『神道《しんとう》は祭天《さいてん》の古俗《こぞく》』という論文が神道学者によって抹殺されたのもその一例です。

『破戒』の翻訳本

おもしろいことに、日本では発行不能になった二年後、一九三一年にソビエトで『破戒』の翻訳本が刊行された。その書に寄せた短文で、藤村は部落民についてつぎのように記している。「私のこの作品は、『特殊部落』を描いたものである。この下層民は封建制の解體と共に、他の国民と均等な地位に置かれる様になった。彼等は今や『新しい』國民（新平民）と呼ばれる様になった。併し名稱は『新しい國民』であっても、依然として私達の間では一昔の賤民の地位に取残されてゐるのが實状であつた」（谷耕平訳）

いずれの思想・宗教も、ひとつの価値を絶対化するあまり、他の価値を抹殺しようとするのです。わたしは宗教には嵌《はま》りませんでしたが、マルクス主義者でしたから、『破戒』抹殺の歴史をここにつづりながらも、胸がいたみます。それでいて、わたし自身もまた初期の小説が批判をうけたりしていますから、思いはいっそう複雑になります。

しかし『破戒』の場合は、出版社のほうも絶版にされてだまっていたわけではありません。表現の自由をもとめてというよりは、資本の論理にしたがったのでしょう。新潮社では、「定本版藤村文庫」と銘うって、島崎藤村の選集を企画します。そのなかに『破戒』がないのはなんとしても不自然です。よく事情がわからない読者からは、なぜ入っていないのかと詰問されるでしょう。もっとも目玉になる作品がないのでは、出版社の見識がうたがわれます。

そこで藤村と新潮社は、指摘された差別的な箇所の修正をこころみ、水平社との妥協の道をさぐります。そして、藤村が「再刊本」と呼ぶところの本が、『破戒（別名、身を起すまで）』のタイトルで、一九三九年（昭和十四年）二月二十日に新潮社から刊行されます。

この書には、「再刊『破戒』の序」が最初に、そして最後に「『破戒』の後に」

初期の小説

『黄色い国の脱出口』（田畑書店）のこと。この小説は雑誌「部落」で批評された。のちに私の小説は「部落差別を助長する」といわれ、支持者であった谷口修太郎編集長が解任された（森秀人の一文より）。

というあとがきがついています。そこには加筆訂正した藤村のゆれうごく感情が見え隠れしています。けっして論理的ではない文章の背後に、相矛盾する心理がうかがえます。関係者みんなの顔をたてるように作品をいじりまわしたのです。やはり、なさけない思いであったことでしょう。

そのときの「序」も「あとがき」も、いまの新潮文庫の「解説」で引用されていますが、全文ではありません。とくに「序」のほうの、もっとも重要な一文が「中略」にされています。そこのところを左に引用しておきます。

藤村は書いています。

「わたしの『破戒』の中には二つの像がある。あるものは前途を憂《うれ》ふるあまり身をもつて過去を掩《おお》はうとし、あるものはそれを顕《あらわ》すことこそまことに過去を葬《ほうむ》る道であるとした。このふたつの間を往復するのもまた人の世の姿であらう」

ここのところは、じつに的確にものをいっています。もちろん、まずは『破戒』の内容のことです。『破戒』の中の二つの像のひとつとは、父親です。父は「隠せ」といいます。いまひとつは猪子蓮太郎《いのこれんたろう》です。先輩は「顕せ」といいます。どちらも差別から解放される道なのです。「このふたつの間を往復するのも人の世の姿」だと藤村はいうのです。

再刊『破戒』「序」と「あとがき」

序とあとがきの全文を資料②、③に収録した。二三九、二四〇頁。

そして、もちろん『破戒』という書物の運命についても述べているのです。「あるものは前途を憂ふるあまり」というのは水平社の人たちです。「憂ふるあまり」に『破戒』を絶版せしめたのです。もうひとつの「顕すことこそまことに過去を葬る道」というのは、新潮社などの刊行へのうごきのことです。そして、たぶん、「ふたつの間を往復する」のは、このときは藤村自身でしょう。

よくわかっていても、状況はきびしい。藤村は身動きができません。じっと耐えています。妥協の道をさぐりながら朱筆《しゆひつ》を入れ、十数年ぶりに『破戒』は戦前の市場にあらわれました。

ページをひらくと、すぐに冒頭の一行の変化が人目をひきます。まえは、「蓮華寺は下宿をかねた」でしたが、こんどは、

「蓮華寺《れんげじ》では廣い庫裏《くり》の一部を仕切つて、下宿する者を置いてゐた」

となります。

ずいぶん書きかえたのかという感じがしますが、読みすすめるとそれほど直しはおおくない。いや、おおいかおおくないかの判断はむずかしい。訂正箇所の一覧表が現行の新潮文庫についています。ぜひ、そちらをごらんいただき、おおいのかどうかを見てください。また当時の世相、水平社の要求、藤村の心理などを、おも

んばかってください。

直しのおおくは、差別語といわれるもの、「穢多」「新平民」「調里」「素性」「種族」などの言いかえ、削除と表現の書きかえなどです。もちろん屠場の場面での、「殊《こと》に卑賤《いや》しい手合と見えて、特色のある皮膚の色が明白《ありあり》と目につく。一人々々の赤ら顔には、烙印《やきがね》が押当ててあると言ってもよい」という文章は削除されました。

「東海道の沿岸に住む多くの穢多の種族のように、朝鮮人、支那《しな》人、露西亜《ロシア》人、または名も知らない島々から漂着したり帰化したりした異邦人の末とは違い、その血統は古《むかし》の武士の落人《おちゅうど》から伝わったもの、貧苦こそすれ、罪悪の為に穢れたような家族ではない」という起源の話は、

「一族の祖先という人は、どういう数奇《すき》な生涯を送り、どういう道を辿《たど》ってこんな深い山間に隠れたものであるか、その過去の消息は想像も及ばない。しかし、その血統は古の武士の落人から伝ったものと云い伝えられている」

と、書きなおされました。

Q 12 まえの『破戒』をもういちど顕わせ？

戦後になると、文学者はもとの『破戒』を復原しました。それに対して運動体は是々非々の態度をとります。結果、顕わすにしても注釈をつけようといいます。

『破戒（別名、身を起すまで）』を読んでみたいと思いませんか。

わたしもいつか、十年か二十年まえにふとそう思い、書店をさがしたことがあります。見つかりません。図書館でふるい藤村全集をさがすしかないか。そんなふうに思っているうちに日がたち、引越しの準備で押入れの本を整理していると、新潮文庫の『破戒』がいく冊も出てきました。読書会や講演のたびに買いもとめていたようです。なんと、そのうちの一冊が、『破戒（別名、身を起すまで）』だったのです。奥付《おくづけ》を見ると、昭和三十六年（一九六一年）刊の三十刷でした。昭和二十九年（一九五四年）十二月二十五日に初版が刊行されていました。

わたしが『破戒』を始めて読んだのは、昭和二十九年、十五歳のときです。「島崎藤村集」で読んだのですから、この文庫本ではない。高校の図書館で借りたよう

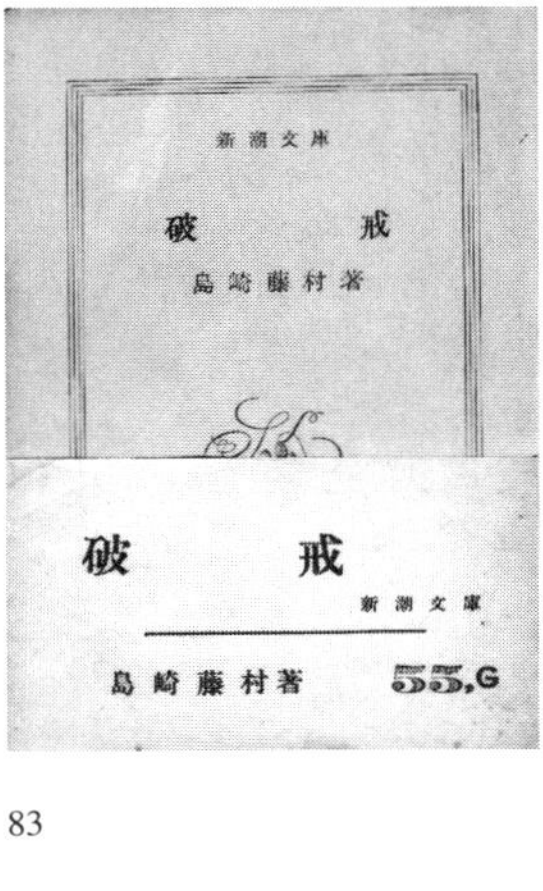

『破戒（別名、身を起すまで）』

に思います。

「部落とはなんなのか？」

　と、少年のころからわたしは気にしていました。知りたいが、たずねることすらタブーのような雰囲気がありました。それが子ども心にもわかりましたので、だれにも聞けずにいました。当時は学校で教えてもらうこともなかった。部落関係の本が三一書房などから出るのはもうすこしあとになってでした。中学生のとき、教室のすみに部落から通ってくる生徒が四、五人かたまってすわっていたのをおぼえているだけです。

　隠されていることには好奇心がうごきます。なぜ忌避《きひ》されているのか。どんな人たちで、どこに住んでいるのか。ほかの県にも、おなじ人がいるのかどうか。それらの疑問のこたえが、『破戒』にはっきりと書いてあったのです。部落について、いちどにおおくのことがわかりました。

　いや、部落のことがわかったばかりではありません。わたしは物語の迫力に引きこまれ、丑松の身分が同僚にばれてしまわないか、知られると破局がくるのではないかと、こわいぐらいでした。わたしが読んだ「島崎藤村集」が、どういう全集のうちの一巻であったかは、もはやわかりません。初期のエディション（版）だったのでしょうか、それとも、修正本だったのでしょうか。
『破戒』と『破戒（別名、身を起すまで）』を読みくらべると、前者のほうがおもしろい。リアリティーの度合いがちがいます。これはわたしひとりがいうのではなく、おおくの評者が指摘するところです。なぜそうなのか。なぜ露骨な表現があるほうがおもしろいのか。なぜ、そのほうが読者にせまってくるのか。

そのことを知るためには、まえにも書きましたように、おおきな「欠如」とか、身体の「欠損」とか、「ゴシップ」とか、「下《しも》ねた」とか「ふつう」ではないものの表現がもつ衝撃力について検討されなければなりません。たとえば、落書《らくが》きなどが淫靡《いんび》な力で読み手のうちに入ってくることも考えないといけません。社会規範にあらがうとき、惰性化した言語が生きかえるのでしょうか。差別と表現が紙の表裏になっているアポリア（難問）を解きほぐす努力が要求されています（→Q11）。

文学を論じるに、右のことはとても大事ですが、ここではそんなむずかしいことに深入りできません。ここでいえるのは、ふたつの『破戒』のどちらが魅惑的なのかということだけです。そのこたえがはっきりしたのです。水平社が正しくなおさせたほうよりも、そうでないほう、まちがいがふくまれているほうがおもしろかったのです。その結果、おかしなことになりました。

こんどは、『破戒（別名、身を起すまで）』が隠されて、初版の『破戒』が顕れるのです。

戦後八年がすぎた昭和二十八年（一九五三年）八月、筑摩書房は初版本の『破戒』を刊行しました。じつに十四年ぶりに、隠されていたものが顕われたのです。顕わす努力をしたのは、筑摩書房の編集部と、「現代日本文学全集」の編集委員でした。とくにこの巻の解説者の瀬沼茂樹《せぬましげき》ががんばったようです。巻末の解説にそのことを記しています。

「『破戒』は、今度、緑陰叢書版の初版に完全に復原せられて、本全集に収められることになった。この點、かねがねこれを主張していた私としては大變うれしい。今日の流布本は、すべて昭和十四年二月二十日発行の藤村文庫版による改訂版であって、この歴史的作品の文學史的意義からみても、已むを得ないことではあったにせよ、中途半端な改悪であったと思うからである。この復原は本全集の大なる収穫の一つであるといっても、決して解説者の提灯にはならないだろう」

なみなみならぬ思いがつたわってきます。

戦後民主主義のもと、表現の自由が確立されたように思い、全集の第八巻「島崎藤村集」に、もとの『破戒』が収録されました。いまから思えば、だれかがいつ

瀬沼茂樹
個人と社会を対比させて近代文学を把らえた評論家。伊前整の死後、『日本文壇史』を完成させた。一九〇四年～一九八八年。

かはやらなければならないことをしたまでだと思えますが、部落解放全国委員会が抗議の声明を出しました。

この組織は戦後すぐに水平社の流れのうちに誕生し、大同団結の旗のもと融和主義者もまねかれましたが、主流はマルクス主義に立脚した運動体でした。昭和三十年（一九五五年）から「部落解放同盟」になり、こんにちまでつづいています。

「一九五四・四」の日付をもつ「声明」はパセティックな調子ですが、隠した初版本を顕わすのに反対しているわけではありません。

「部落解放全国委員会は、もとより『破戒』初版本の復原に対して反対するものではない」

というのです。とすれば、部落民を代表する組織でも、むかしの『破戒』のほうがよいと認めたことになります。水平社がほうむってしまったことを遺憾《いかん》とするのでしょうか。もしそうであるなら、率先して復原を図り、その意味を主張すべきであったと思います。

声明はつづけて、復原に反対するのではないが、筑摩書房がなんのコメントもつけずに刊行したことは、いまなお「差別と貧乏のどん底に苦しんでいる被圧迫部落民に」どんな影響をもたらすか。つまり、まちがった情報をばらまくことで差別

→資料④「『破戒』初版本復元に関する声明」（全文）を参照。

がつよまるのではないかというのです。

戦後十年とすこしのころの部落の悲惨をわたしはずっと記憶しています。貧困と悪環境のなかに放置された人たちでした。トラホーム（トラコーマ）で目を真っ赤にした裸足のやせた少年たちをわすれません。結核などの伝染病が猛威をふるっています。「差別と貧乏のどん底に苦しんでいる」という表現に誇張はありません。

しかし、つぎのような一文は理解にくるしみます。

「昭和十四年に藤村が一部の改訂を行ったのは、当面、改訂によって『差別』を抹殺《まっさつ》しようとしたからにほかならない。（中略）しかし、部落民に対する呼称をどのようにかえようとも、それでもって差別が消え去るものではない。藤村はその改訂によって、自己を欺瞞《ぎまん》し同時に部落民を瞞着《まんちゃく》しようとしたといえるのである。全国水平社が当時、このような妥協を行ったことは、重大な誤謬《ごびゅう》であった」

というのです。

新潮文庫でここのところを引用した北小路健は、「この指摘は正しい」と断言しています。どこがいったい正しいといえますか。水平社が「重大な誤謬」をおかしたのなら、初版本を抹殺したことへの謝罪を、藤村の墓前と新潮社にするべきではありませんか。藤村が自主的に改訂したようにいいますが、水平社に抗議されて、

島崎藤村の死

島崎藤村は一九四三年（昭和十八年）に大磯の別邸で脳溢血に倒れて死去。

しかたなく改訂した。朱筆を入れたのは藤村自身ですが、それが苦渋の選択であったことはだれにでも想像がつくでしょう。

そもそも、「部落解放全国委員会は、もとより『破戒』初版本の復原に対して反対するものではない」というのですから、水平社のまちがいは、初版本をほうむり、改訂版をつくるような流れをつくったことにあるのではないのですか。それなのに、右の文では論点をずらして、改訂の仕方に問題があり、このような改訂で刊行を認めた水平社がまちがっていたというふうに話を運んでいます。その矛盾を糊塗《こと》するためでしょうか、「藤村はその改訂によって、自己を欺瞞し同時に部落民を瞞着しようとした」といった猛々《たけだけ》しくも無意味な恫喝《どうかつ》、北朝鮮のテレビのニュースのようないいまわしをつけくわえなければならなかったのです。

それにいまひとつ、「部落民に対する呼称をどのようにかえようとも、それでもって差別が消え去るものではない」という断言も、いますこしていねいで慎重であればよかったと思います。呼称を言い換えて差別がなくなるほど、事態はかんたんでないことはみんなわかっています。しかし、差別的に使用されるようになってしまった呼称、たとえば「めくら」です。この「めくら」を、「目の不自由な人」といいかえるのは、いいかえる訓練のうちに、身体への差別が残酷だということを学習する契機になるのです。わたしはほかのところでも、差別呼称のいいかえを、被差別の人が要求するときは、それに応じる必要があると述べました。実際、部落の呼称でも、「新平民」「特殊部落民」は差別の色合いが濃い。それで、「被圧迫部落民」「未解放部落民」「被差別部落民」と、呼称をかえてきたのは当の組織ではないですか。換《か》えることを要求されれば、マスコミも物書きも、それにしたがってきました。

もちろん、呼称を言い換えればすむということはありません。ほんとうに必要なのは、「我々がエタである事を誇り得る時が来たのだ」という水平社宣言の文言《もんごん》だと思います。そこへむけて言い換えるのであって、そこからじりじりと後退するような呼称の言い換えはかえって本質を糊塗《こと》することになるでしょう。島崎藤村の『破戒』改訂版にも後退の印象がありますが、しかしまた、言い換えの語句を模索《もさく》する過程を「自己欺瞞《ぎまん》」でしかないとはけっしていえません。水平社が『破戒』の問題点を批判した。藤村はそれにこたえようとした。その結果、ぐずぐずの『破戒』が生まれたのは、いたしかたがない。

そもそもは絶版にしたのがまちがいだったのです。水平社もわかくて未熟だったといって、かばってもいいのですが、運動を領導《りょうどう》したマルクス主義の思想にそう

拙著『作家と差別語』（明石書店）参照。

いう傾向があったのです。自分たちに反対する思想に対して、それをトロッキズムと呼んだり、修正主義と呼んだり、日和見《ひよりみ》主義と呼んだり融和主義と呼んだりして、見えないところへほうむりさりたい気分が、この思想には濃厚にあるのです。

Q13 差別と政治とのかかわりは？

マルクス主義主導の運動が部落民にもたらしたものは何でしょうか？　その功罪が早急に再検討されなければならないのでは？

まず、その後の『破戒』の運命だけをかんたんに記しておきましょう。

「現代日本文学全集」で『破戒』の初版本を収録して抗議をうけた筑摩書房は、昭和二十九年（一九五四年）十月刊行の「現代日本文学全集」の十九回配本に、部落解放全国委員会の声明をそのまま挿入しました。「部落解放全国委員会は、もとより『破戒』初版本の復原に対して反対するものではない」の一文がある前述したものです。

新潮社のほうでは、しばらく『破戒（別名、身を起すまで）』を文庫に入れていましたが、筑摩書房からおくれること十七年、昭和四十六年（一九七一年）三月の五十九刷から初版本にもどします。平野謙の「島崎藤村　人と文学」と「『破戒』について」の解説、それに藤村年譜が巻末につきました。余談ですが、平野謙の二本

一九七一年から八一年まで刊行された新潮文庫の『破戒』

の解説は力がこもったもので、その内容に文学的なセンチメンタルな傾向はあっても、いまだに読む価値があります。このエディションは、八十九刷、昭和五十六年（一九八一年）五月三十日まで、およそ十年つづきました。

この間どのような経過があったのか、九十刷から、北小路健「差別史における『破戒』の位置」(文末に昭和五十七年四月と日付があります)という三十一ページにおよぶ長文の解説が、平野謙の解説のあとにつきました。『破戒』という書物のたどった運命を懇切丁寧に追ったもので、わたしもずいぶんとお世話になりました。しかし、どうでしょう。お世話になりながらいうのも気がひけますが、データはともかく、そこでの主張は、『破戒』という小説の価値に対してはいささか傍観者的で、そのぶん政治的ではないでしょうか。読者をひとつの流れに誘導して行く。そのことをふしぎとは思わない時代の産物のようです。その一文が二十一世紀になってもいまだくっついているのは、部落問題でがたがたしたくない版元の怯懦《きょうだ》な精神のあらわれでしかないように見えますが、どうでしょうか。

わたしの考えでは、もはや、人の作品のうしろに尻尾のようにぶらさがるこのようなコメントはやめにしてもらいたい。小説でもドキュメントでも、作品はひとつの自立した世界を内包しているのですから、それをそのまま読者にさらしたい。

その結果、どのような批判でも享受するという作者の覚悟が出版の前提にされているのですから。

運動体にもいいたいのですが、被差別者がよわくて、その声をひろく発表できない時代ならともかく、いまでは解放出版社などという発言の媒体を保持しています。部落の本の流通のじゃまをする者などだれもいません。むしろ協力的なほどで、読者がもとめるならば全国の書店にならびます。ですから、『破戒』が気にくわないのなら、だれかが、もっと部落民の歴史と生活に身を寄せた、『破戒』以上の小説を書いて出版すればいいのです。藤村の根にインテリの差別意識がよこたわっているのなら、現行の『破戒』を徹底批判した論文を別の本で刊行すればいい。

差別に反対し人権を擁護する団体は、人が書いたものを尊重しなければなりません。気に入らないといって、それを絶版にするなどの蛮行は二度とおかしてはなりません。作家を呼んで糾弾することなど、百害あって一利なしです。そんなことをしないで、反論を書くのです。すでに部落には力のある書き手がたくさんいるではありませんか。解説とか称して、相反する両者の架け橋をさがすような文を、『破戒』の最後にくっつける必要はないのです。

差別反対運動を領導してきたマルクス主義について、もういちど洗いなおす必要があります。佐野学の「特殊部落民解放論」がなければ水平社の出帆はうまく行かなかった。できたとしても、もっとおくれたでしょう。マルクス主義が果たした役割はけっしてちいさくはありません。わかいころ、わたしが部落に入って行けたのも、マルクス主義者であったから容易にできたのです。つまり、部落の人とわたしは、ともにマルクス主義者で「同志」でした。そういうときは、すぐに相手を信用し、うちとけた話ができました。

なによりも両者の目的は「革命」にあったからです。マルクス主義者にいわせれば、差別撤廃は革命によって成就されるのです。つまり、革命をなしとげなければ差別のくび木から脱することができないのです。部落民と一般大衆はスクラムをくみ、資本家とその政府を打倒しなければならないというのです。

右のような思想によれば、差別の元凶は政府であり、行政機構だということになります。一九六一年（昭和三十六年）の段階で、井上清はつぎのように演説しました。第一次安保闘争の余韻《よいん》さめやらない時代です。

「（部落差別を）たんなる封建遺制としてみるのではなく、現代独占資本の法則がつらぬいてゆく中で必然的につくり出されるものと見るならば、この解放運動がプロレタリアートの指導のもとに独占に対決するいっさいの人民の闘争の一部分として

のみ成功し得るものであることは、もはやいうまでもありません」（『部落の歴史と解放理論』田畑書店、一九六九年）

わたしはこの著名な歴史学者がわざわざ部落民をミスリードするためにこのようなことをいったとは思えません。誠実に本気でこんなことを考えていたと思います。部落問題を封建制の遺制だととらえる人よりは、一歩すすんだ認識だと当人は考えていきます。「現代独占資本の法則がつらぬいてゆく中で必然的につくり出されるもの」と「部落」を理解し、「解放運動がプロレタリアートの指導のもとに独占に対決するいっさいの人民の闘争の一部分としてのみ成功し得る」といい、国家独占資本を打倒するという戦略でした。

ここには、水平社出発時点でのボタンのかけちがいが、そのまま踏襲《とうしゅう》されています。ボタンがずれたまま、戦後になってもまだ正しいと信じてかけつづけているのです。佐野学にしても、部落民を仲間に引きこみたいが、かれらを危険な戦いの最前線に立たせて、それによってしのごうとまでは意識していなかったと思います。ただ結果として見れば、左翼戦線でもういちど部落民を利用したといえなくはない。

善意の誤謬《ごびゅう》がつづいていたのです。

のちに詳述しますが（→Q30）、明治維新以降、士農工商の身分制による支配は廃止になります。四民平等というスローガンはそのことを象徴しています。以降、部落民は平民にくりこまれます。くりこまれた部落民を差別したのは平民でした。つまり、圧倒的な多数の農民がかれらにむけて「新平民」と指でさして差別したのです。差別者はとなりに住む農民です。あるいは、都市に住むプロレタリアート化した農民出身の労働者でした。

この単純明解なところを、佐野学はつぎのようにいってしまい、ボタンをかけちがいました。よく読んでください。

「現代に於て苦しむものが、資本主義の鞭に悩む労働者階級ばかりではないと共に、特殊部落の人々ばかりでも無いことがよく徹底せられねばならぬことである。その地位を社会的に考察すれば両者は共に経済的弱者であり、被搾取者である。搾取者なく迫害なき善き社会を作る為めに、両者は親密なる結合と、連帯的運動を為す必要があろう」（「特殊部落民解放論」一九二一年）

どこにトリックがあるのでしょうか。

「両者は共に経済的弱者」であるだけで、ふたつをむすびつけてしまったところがインチキでした。差別の視点がこの瞬間に無化されてしまいました。「労働者階級」に属する人たちが「特殊部落」にいる人を差別していたのに、両者ともに「経済的な弱者」で「被搾取者」であるから同類だというのです。無茶もいいところでしょう。

なぜこのくらいのからくりを、西光万吉は見やぶれなかったのか。少年の一隆（万吉）にむけて、「岩崎のエッタ」という声をあびせたのは、本村《ほんそん》に住む農民の子だったではないか。それなのに、労働者や農民がともに弱者というだけで仲間と錯《さっ》覚《かく》してしまった。佐野学の「知識と勇気と熱情とを有する部落出身の少壮者が中心となり、集団を作り、諸種の運動に従つたならば」というささやきに魅惑されてぼうとなっていたのでしょうか。

しかし、西光万吉は宣言で、「全国に散在する吾が特殊部落民よ団結せよ」と書いたのでした。それでよかったのですが、やがて、部落民のうちにも搾取者がいるではないか、という声がつよまります。西光万吉の「水平社宣言」は「部落民」と「一般民」という旧身分を対立させることで、「地主」と「農民」の対立（階級矛盾）を隠蔽《いんぺい》してしまっていると、よりマルクス主義的な仲間から攻撃されたのです。

さきの井上清の文は、奈良本辰也《ならもとたつや》のつぎの文章の反論として書かれました。当時の部落問題研究所所長はいいます。

「明治の弱小な資本主義と本質的にも違っている今日の独占資本が、部落を温存しておかなければならない理屈はさらにないのである。部落民の差別を残しておいて、それで労働者の分裂や低賃金を招来しようなどと考えるのは、恐らくいまの独占資本の心情ではないでしょう。……資本の側に意識して部落差別を再生産してゆかねばならない必然性は今やないものとなったと考えている」(『部落の歴史と解放理論』より引用)

こちらのほうが正論だったといまではだれの目にもあきらかでしょう。

差別するのは本村の農民であり、おなじ地域に住む町人です。おなじ工場ではたらく労働者であり、軍隊のなかでは仲間の戦友が蔑視したのです。むしろ権力のほうは、トラブルのもとになる部落差別の解消をはかろうとしてきたといえます。「解放令」を出したのも新政府でした。それに対して「解放令反対一揆」で、むしろ旗をおしたてて部落を襲撃したのは、部落民のすぐそばにいた顔見知りの農民です。その後、部落を解放するための政策を推進したのも行政組織で、のちに「融和主義者」といわれる部落民有志がそれに協力したのでした。

残念なことですが、マルクス主義の世界観には明確な「反差別の理論」がなかった。ユダヤ人問題をとりあげた論文などもありますが、差別がなぜ生じるのかわ

「解放令反対一揆」(→Q29)

かりませんでした。差別一般を権力闘争に解消して平然としていたのです。大切なのは、革命の隊列を強化することでした。ひとりでも多くの仲間がスラムを組むことを願うあまり、部落から若者が去って行くのをもっとも嫌ったのです。「海外雄《ゆう》飛《ひ》」を「逃亡」と断じ、それを禁じました。部落を出て都市に入りこむのも、「丑松的な生き方」としてはげしく批判したのです。彼らの運動体にとって、ただひとつ正しいのは、生まれた部落に残り、前衛党の旗のもとに、「プロレタリアートの指導のもとに」結集して闘うことでした。二十世紀の終わりごろでも、まだそんなことを考えている人がいました。

Q14 「近代差別」をどのように理解しますか？

近代差別の構造をみじかくまとめておきました。差別事象が「地方区」のできごとであり、それを支える「全国区」の文化も一国をこえないことなどです。

差別はごく身近でおこります。学校を例にとれば、クラスにいるAさんが対象になります。差別するのはおなじクラスの生徒です。拡大しても、せいぜいAさんを知るクラブや地域の仲間でしょう。身近な人ほど差別者として立ち顕われるのです。

なぜAさんが対象にされたのか。いろんな理由があるでしょうが、クラスの者にはわかっているのです。Aさんの身体に障害があったのでしょうか。歩き方、しゃべり方、頭髪の特徴、服装、におい等々の具体的なもの、それに性別や国籍のちがい、家庭内の事情、貧困、被差別部落など、クラスの人はAさんにこれらのうちのどれかのレッテルをはりつけるのです。仲間うちのみんなが納得するレッテルが選ばれて、それで攻撃が合理化されます。

差別表現

新聞やテレビ、出版物の記述に「差別表現」があって問題化することがあります。これは「現実の人間関係での差別」を一次差別とすると、二次差別にあたり、全国区での問題になります。その国の文化の質を問う行為の一種なのです。

このように個々の差別は身近で日常的に発生します。「全国区」の話題ではなくて、「地方区」での事例なのです。わたしのまわりにひとつの文化圏があって、そのなかでいろいろな差別があるわけです。「しゃべり方」などは、東北地方では大阪弁が異様に聞こえ、大阪では東北なまりが気になる。被差別部落に対する感じ方も土地によっておおきくちがいます。知らない人はまったく知らない。よくとんちんかんのことが、インターネットのブログなどに平気で書いてあります。

差別は身のまわりにおこります。あるいは村落内部、クラスや職場での差別などで、最終的には日本の文化圏をこえません。

アメリカやフランスや韓国など、近代国家はどこでも差別事象はありますが、国をこえて理解できるものもあれば、理解できないケースもあります。たとえば、アメリカの黒人差別については、わたしたち日本では、アメリカ映画で知ったり、キング牧師やマルコムXが話したことの記録を読んだりして学習するわけです（→Q31）。アメリカ人がジャップといって日本人を差別するのも、現地で体験したり、学習して知るわけです。かつてのジプシーは、かれら自身の呼称であるロマと呼ばれるようになりましたが、ロマのヨーロッパでのキャンピングカーなどでの生活をわたしたちは勉強し、どのような差別を受けているかがやっとわかるのです。

キング牧師
黒人でバプテスト教会の牧師。人種差別撤廃の公民権運動の指導者。一九二九年〜一九六八年。

マルコムX
黒人社会のどん底で、ハスラー、ポン引き、麻薬常習者として過ごす。「ブラックパワー」の思想を演説中に銃殺された。一九二五年〜一九六五年。

このように差別はひとつの文化圏に固有なできごとです。どのような内容が差別のしるしになるかは、その国の文化の内で決定されるのです。それも固定的ではなくて、各国の歴史の流れのうちで、ある差別項目は消えたり、べつの項目が浮上してきたりしています。

またここで重要なのは、身体上のしるし、国籍のちがい、被差別部落などの項目は、それ自体で自己完結していて、ほかの項目とまじりあわないことです。現象的には、髪や目の色で国籍が判断されて差別が始まるのでしょうが、差別者が攻撃するのは、国籍か髪の色のどちらかというふうに、最終的にはひとつだけにしぼりこまれます。部落出身の女性が差別を受けるとき、部落民としてか、女性であるためにかは、はっきりと区別されるのです。これらのことから、各レッテルごとに差別のテーマがあるといえます。障害者差別、女性差別、民族差別、部落差別という区分けが生まれてきたのはそのためです。

このことを裏がえせば、各種の差別反対の運動がまじりあわないということです。部落差別反対の男たちが部落の女性の置かれている位置に無知だったり、逆に、女権拡張運動の集会に部落の女性がひとりもいないのを疑問としないのとおなじです。

近代の社会では「平等」を標榜しています。このプリンシプル（原理）を維持するために、たえず不平等をさがしていると考えることもできます。不平等な事象、差別などをピックアップして、みんなで問題にして差別撤廃をはかる。そうすることで、もういちど、近代社会の維持と活性化をはかっているともいえます。

前近代にあっては、ただの差異でしかなかった人たちが、近代になって「異形」にされた例を、わたしは『異形にされた人たち』（三一書房、一九九七年）で書きました。被差別の対象がずっとむかしからあったのではなくて、近代日本になってから探しだされて、「被差別」にされました。「女性」を発見し、「障害者」を発見し、「外国人」を発見し、それからおもむろに、その差別をなくそうとするのです。

わかっていただけましたか。わたしは江戸時代には、女性も障害者も外国人もいなかったなどと空想を述べているのではありません。

Q15 差別は日常生活にあるのですか？

カフカの『変身』を通し日常の家庭に潜む差別意識の原型を見ました。ここには、小さい幸せを望むだけなのに兄を死に追いやるアポリアが描かれています。

「平等」とか、「人間、みなおなじ」とかいいます。これらの言葉は正しいという観念が先行して人々の頭をしばりつけています。そこにしか市民社会の幸福はないかのように錯覚しています。

平等への渇望《かつぼう》は、「娼妓《しょうぎ》」などの被差別の人を解き放ちもしましたが、平等の実現をさまたげる者を消し去りたいというほどにつよまることもありました。ナチスによるユダヤ人差別を思いだしてもいいですが、もっと身近に、学校のクラスでのいじめが高じて相手を死に追いやる場合、平等のじゃまをした目ざわりな存在を除去したい気持がなかったとはいえません。

異形なもの、欠如した身体、社会的な劣者をどうにかしたい。除去するか修正するか改良するか手術するかして、ひらたくならしたい。そういう願望が近代とい

芸娼妓解放令
一八七二年に出されて公娼制度は廃止になるが、公許の遊廓は存続、自由民権運動家が廃娼を訴えた。

う時代には濃厚なようです。平等概念のもつ両義性はもっと理解される必要があります。差別撤廃の理論的な支柱であると同時に、イレギュラーなものを排除抹消するというはたらきがあることです。

具体的に話をすすめれば、『破戒』とおなじようによく読まれている文庫本に、カフカの『変身』があります。ドイツ語で書かれた本ですが、ここに描《えが》かれたプラハのユダヤ人の家庭は、日本のそれと同質だと思えます。

作品の内容はよく知られています。一家の中心にいたザムザ青年が「虫」になってしまいます。おおきな毒虫に変身してしまうのです。こんなことはありえないと思いますか。いいえ、こんなことはしょっちゅうおきています。あすは、あなたの家庭かもしれません。交通事故、急病、心臓病、室内転倒、寝たきり老人、認知症など、家族のだれかがいつ虫になるかわからないのです。とつぜんの不幸に、家族は動転します。虫になったザムザをドアのすきまから見たときの家族のおどろきは、いかばかりだったでしょうか。

はじめのうちは、いたわり、看病します。それがずっとつづいていくと、なにかが変わりだします。青年はいつしか家庭の一員とは見なされなくなります。だんだんと異物になり、うっとうしい存在になります。ついに家庭内に差別が発生しま

カフカ『変身』

カフカは第一次大戦のころのユダヤ系のドイツ語作家。家族四人のうちの長男がある朝、毒虫になってしまう『変身』は代表作。一八八三年〜一九二四年。

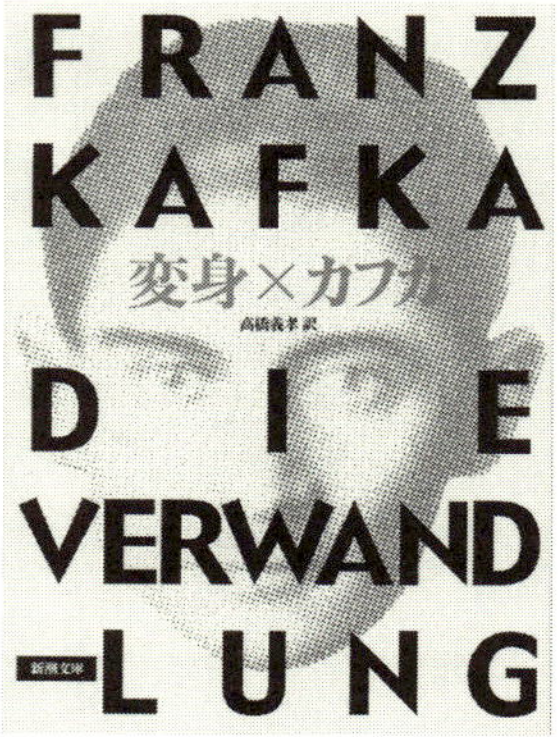

す。『変身』という短編はその過程をうまく書いています。おなじ家族のうちに、差別者と被差別者がわかれてしまう。差別に関するもっとも原理的な考察であるともいえます。

「ある朝、グレゴール・ザムザが目をさますと、ベッドのなかで一匹のおおきな毒虫に変身していた」

書き出しは、ちゅうちょなく本題にずばりと斬りこんだ名文です。

ザムザは布地の外交販売員でした。きょうも仕事がまっています。ねむりたりなくても早く起きだして行かなければなりません。一生懸命に働いているのですが、このところ成績がかんばしくなくて、支配人から小言《こごと》をいわれてばかりです。体が虫になっても、ザムザの考えることは仕事のことです。ぐずぐずしていると遅刻します。なにしろ、父と母、妹の三人は、ザムザの収入にたよって、やっと生計をたてているのです。ここで首にでもなれば一家は路頭《ろとう》にまよいます。

ベッドの頭のほうのドアがノックされて、

「グレゴールや。六時四十五分ですよ。お仕事のほうはどうするの？」

という、母親のやさしい声がします。

ザムザがまだ家にいるのに気がついた父親が、中央のドアから、

カフカ『変身』
多くの訳本があるが、ここでは新潮文庫の高橋義孝訳を使用した。塩見が異訳した部分もある。

「グレゴール、おい」

と、注意します。

三つ目のドアから、妹のグレーテが、

「お兄さん、気分が悪いの？　なにかほしいものでもあるの？」

と心配します。作者は手っとりばやく、ザムザの家族を紹介しました。近代に典型的な家族構成にしてあります。両親と男女ふたりの子、それに手伝いの女がひとりいます。


　ドアの位置などが舞台劇のように見えるのは、この作品が書かれたのが第一次大戦中で、ドイツに興《おこ》った「表現主義」の影響下にあるからです。リアリズムよりも様式性がまさります。

『変身』の全体は三幕で、序章は、支配人がザムザをむかえにやってきて、やがてドアごしにその姿を見て逃げだすところまでです。このまま帰られてしまうと首になると、ザムザは支配人のあとを追おうとします。二本の足で立とうとしたとたん、ゆかにたおれて腹ばいになりました。たくさんの足が絶妙にうごいて、このほうが歩きやすいのに気がつきます。

　母親がドアから出てきたザムザを見て悲鳴をあげ、父親がステッキをふりあげ

ドイツ表現主義

　二〇世紀初頭のドイツ語圏での芸術運動。文学、絵画、音楽、映画、建築とあらゆる領域で行われた。ムンク、ノルディ、カンディンスキー、ブルーノ・タウト、シェーンベルクなど、すぐれた芸術家や建築家が輩出した。

て部屋に追いもどそうとします。ドアにはさまれてうごけなくなっていると、父親が「うしろからぐんとひと押し強く突いてくれた」のです。横腹がすりむけて、白いドアにはいやらしい斑点がついてしまいます。

二幕目は当日の夕方です。気絶したような状態からザムザが目をさますと牛乳がドアのそばに置いてありました。妹のはからいだとわかりましたが、いつもは大好物のミルクがおいしくないのです。翌日の朝、そのことに気づいた妹は雑多な食べ物をならべました。こんなものが食えるかと思えた古びたチーズが、なんとしたことか、いまのザムザにはおいしいのです。二週間ほどたつと、妹は兄にはうごきまわるスペースが必要なことに気がつき、母を呼んで洋箪笥と書きもの机を部屋のそとに運びだそうとします。いつもは妹のいるあいだ、ザムザはベッドのかげにかくれているのでしたが、壁の一枚の絵をもちだされたくなくて、そこに腹をくっつけるように立ちました。

母親は、「花模様の壁紙の上にある巨大な褐色の斑点を見てしまい、自分の見たものがグレゴールだということを意識するまえに、荒々しい声で『助けてえ、助けてえ』と叫ぶなり、まるで一切を放棄するとでもいうように両腕を大きく広げて寝椅子の上へ倒れて、動かなくなってしまった。妹は『兄さんったら』と拳固《げんこ》を振上げてグレゴールをにらみつけた。これは変身以来妹が直接兄に向かっていった初めての言葉であった」

ザムザと母と妹の関係がよくわかる一文です。さらに、このとき父親がもどってきてザムザに林檎《りんご》をぶつけます。ひとつめは背中をこすったのですが、ふたつめが「背中にぐさりとめりこんだ」のです。この林檎の傷が炎症をおこして致命傷になるのですから、父親がザムザを殺したということにもなります。

しかし当面は、この事件の反省から、

「おぞましい姿かたちにもかかわらずグレゴールが家族の一員であり、家族の一員は敵のようにあつかうべきではなく、嫌悪の情を胸に畳みこんで忍ぶ、ただもう忍ぶということが家族の義務」

ということになります。この小説が書かれたのは、一九一六年ですが、右の言葉はいまのわたしたちにも痛いほどよくわかります。愛情はうすれ、家族の義務がせりあがってくるのです。

その段階で三幕目になります。クライマックスには外部の目が必要です。社会が家庭に侵入してきました。カフカはそれを下宿人をむかえることで描きます。すまいのひと部屋に三人の紳士を下宿させたのです。虫がいる家なのにこんなことをするのかとふしぎです。ひと部屋に三人も住むとはよほど住宅事情がわるいのかと思ったりもします。よくわかりませんが、ザムザの収入がとだえていますから、生計を維持するための処置なのです。食事つきですから、下宿人は茶の間で食事をし、家族は台所ですますします。

そんなある日の夕食のあとで、妹がバイオリンをひいて下宿人の紳士に聞かせたのです。ザムザはその音色に引きよせられて茶の間のドアに首をつっこんでしまいます。三人の下宿人は音楽にたいくつしてがまんしている様子でしたが、「妹はじつに美しくひいて」います。ザムザは、「音楽にこれほど魅了されても、彼はまだ動物なのであろうか」と自問しながら、妹のそばへとはいだしてしまいます。

三人の下宿人が虫に気がつきました。おおさわぎになり、かれらはこんな家にいるわけにはいかない、これまでの費用も払わないと断言して部屋から飛び出して行きました。家族は落胆し、妹の怒りが頂点に達します。

「これを振離さなくちゃ駄目よ」

と妹は主張します。

「もしこれがグレゴールだったら、人間がこんなけだものといっしょには住んでいられないというくらいのことはとっくにわかったはずだわ、そして自分から出て行ってしまったわ、きっと」

部屋にもどったザムザの背後でドアに鍵がかけられました。背の炎症が悪化して命がつきようとしているのがわかります。彼は、「感動と愛情とをもって家の人たちのことを思い返す。自分が消えてなくならねばならぬということに対する彼自身の意見は、妹の似たような意見よりもひょっとするともっと強いものだったのだ」と、死の直前に思うのでした。

翌朝、手伝いの女が死骸を見つけて、さっさと棄ててしまい、家族はほっとして、ひさしぶりに郊外へ電車でむかいます。あたたかい日が窓からさんさんとさしこんでいます。夫妻は娘を見ながら、「お婿さんを捜してやらねばなるまい」と、思います。

ずっとのちに、ヒトラーが政権を取ったとき、ドイツ支配下のユダヤ人は虫になったわけです。目ざわりなので、これをどうにかしなければならないと帝国の総統は思ったのです。そのため、この小説は予言的だとも後世にいわれました。

また、「引きこもり」の先駆者のようなカフカが、結婚をおそれていたことも関係があるかもしれません。なんども婚約解消をしています。家庭とか家族のうちにひそむ、ほんのかすかな「権力」を嗅《か》ぎつけておそれていたのです。『群集と権力』

を書いたユダヤ系の作家・カネッティも、カフカについてつぎのようにいっていま
す。

「彼の高ぶった敏感さにとっては、ある人間が他の人間に及ぼす作用のひとつひとつが苦悩であった。彼の弱さは変身して、権力を誤りなく嗅ぎつけるものとなった」(『もう一つの審判』法政大学出版局)

毒虫という、嫌悪される存在に変身し、その視点を獲得したことで、それまで隠されていた家庭内の暴力があばかれたのです。『変身』は、近代のどこの家族にもあてはまるこわい話です。差別者になんの悪意もないことがはっきりとします。むしろ差別者のほうが、自分を犠牲者のように思っていることも、妹のセリフからわかります。「これを振離さなくちゃ駄目よ」と妹はいったのです。家族の安寧《あんねい》をもとめる自然なねがいや、青春を謳歌《おうか》したいという気持が、一刻も早く兄と決別したいという気持ちにつながります。

見方を変えれば、差別事象が身近におきたとき、「わたしとなんの関係があるのですか。わたしはちいさいしあわせをもとめて生きているだけです。だれも差別してはいません」という、よく聞く差別者の自己弁明をあらかじめ封じているような作品でもあります。

エリアス・カネッティ
　ブルガリア生まれのユダヤ系ドイツ語作家。一九三九年、イギリスに亡命。小説『眩暈《めまい》』など。一九〇五年〜一九九四年。

Q16「しるし」はいつも見えるのですか？

差別するには「しるし」がなければできません。唯一のしるしである「部落（ムラ）」を出て行けば部落民ではないのに、市民の視線が意地悪くつきまといます。

差別はごく卑近《ひきん》なところでおこりました。特別の背景はなにもありません。ザムザの家庭はそれこそ、ありふれた一家でした。ある日、長男が「ふつう」でなくなっただけです。しかし、差別は卑近な場所で始まりますが、かれらをつつみこんでいるおおきな社会があることを忘れてはなりません。事象は「地方区」ですが、かれらの頭は「全国区」の文化で規定されています。

『変身』でいえば、家族はまず考えます。

「おぞましい姿かたちにもかかわらずグレゴールが家族の一員であり、家族の一員は敵のようにあつかうべきではなく、嫌悪の情を胸に畳みこんで忍ぶ、ただもう忍ぶということが家族の義務」

と作品には書いてありました。

「家族の義務」として耐えるというのは、父母と妹の独創ではなくて、まわりの人たちの考えていることです。いまでいえば、「差別をしてはいけません」という、あちこちから聞こえてくる声です。これが「全国区」なのです。しかし、あまりにもザムザの存在が醜悪《しゅうあく》になり、家族の生活まで破壊しようとしたとき、妹はさけびをあげます。

「もしこれがグレゴールだったら、人間がこんなけだものといっしょには住んでいられないというくらいのことはとっくにわかったはずだわ」

この意見に父も母も賛成します。このような意見もまた「全国区」です。「全国区」の相反するふたつの意見がザムザの運命を決定するのです。

右のセリフのうちに、カフカはさりげなく「人間」という言葉をいれています。「人間」であるかどうかが、たいせつなのです。そして、この「人間」というタームは、反差別の軸にもなりますし、この場合のように、このタームによって、被差別者を「振離さなくちゃ」という意見にもなるのです。さきにわたしは、「平等」という言葉が、差別に反対する根拠をあたえるとともに、おなじ言葉によって「ふつう」でない者が抹殺されるこわさも指摘しました。「人間」もまた、「平等」とおなじ働きをする言葉です。

ターム（term）
多くの語のうちから選ばれた特別の言葉。術語。

話をもどせば、差別事象は「地方区」、判断の基準は「全国区」という構造をしっかりと認識するのが重要なのです。わたしたちが差別について、こうやって論議をかわせるのは、主として「全国区」のレベルについてです。しかも、「全国区」の意見のうちに、「ただもう忍ぶということが家族の義務」という意見から「振離さなくちゃ」という意見までの幅があるということです。小説では同じ人（妹）がこの相反する言葉を口にしました。そして、その会話を読みながら、わたしたちはそこにリアリティーを感じました。

カフカは人間関係が刻々と変化し、その変化のなかで差別や暴力が出現するのを見ているのです。きのうまで「正論」を述べていても、追いつめられると差別者になるといいたかった。差別者と反差別者、加害者と被害者が交代する。関係は固定されていないこともまた指摘したかったのでしょう。藤村はいつも差別者で、水平社がいつも反差別者だとは保障されていないのです。

『変身』の虫（ザムザ）は障害者や病者などと類似します。一見しただけですぐにわかります。三人の下宿人がザムザを見たとたん、こんな家にいられるかと飛びだすのはそのためです。「虫」のかたちが「しるし」なのです。そのかたちが、差別の引き金《トリガー》を引くのです。

もし外観になんのしるしもない場合は、ザムザはどうしたでしょう。そのことをだまっているかぎり、だれもすぐには「虫」になっているとは思わない。いや、そういう場合は「変身」したともいえないのではないか。そういう意見も出てくるでしょう。被差別部落の問題は、こちらの側にあるのです。外貌《がいぼう》になんのしるしもない場合なのです。

島崎藤村がわざわざ屠場《とじょう》の描写で、

「一人々々の赤ら顔には、烙印《やきがね》が押当ててあると言ってもよい」

と書いたのは、外貌にしるしをもとめてでした。でも考えてみれば、部落民でなくても、おなじ労働に長年従事していたら、おなじような相貌《そうぼう》になるでしょう。なにも部落民だからというのではないところを、部落民だからと書いてしまうのは、部落民が差別を受けるしるしを藤村がさがしていたからです。

清水紫琴が『移民学園』のなかで、大臣の今尾春衛に嫁した清子の出身地を一生懸命に描写したのも、「しるし」を見つけたかったからかもしれません。

「この二三町を過ぎ行くほどは、一種の臭気身を襲ひ、えもいはれぬ、不快の感を、喚び起こせるも理や。葱《ねぎ》の切れ端、鼠の死骸の、いつよりここには棄てられけむ、溝には塵芥《ごみ》の堆《うずたか》く、たまたま清潔《きよ》き家ぞと見るも、生々しき獣皮の、内外には曝《さら》されたる、さりとては訝《いぶか》しさを、車夫に糾《ただ》せば、個《ここ》は穢多村なりといふ」

しかしこの町は、ここが「柳原」だという地名がなければ、あるいは「獣皮」というキーワードがなければ、ただのスラムの描写になります。ここの住人が「柳原」から出て行き、「獣皮」にかかわる仕事をしなくなれば、もう部落民ではありません。

「もう部落民ではありません」

ほんとうにそうなるはずでしたが、「柳原」から出て行き、「獣皮」にかかわる仕事を離れた人たちまでをも、市民（農民・町人）はいつまでも追いかけ、「部落民」にしてしまいます。すると、おかしなもので、当の部落民も、いつまでたっても、どこまで行っても、自分は部落民だと思うようになってしまったのです。子たちにそのことをいわないのは悪いことのように考え、悩みぬく日々を送るのです。それが今日、二十一世紀の状況です。

Q 17 子々孫々まで「部落民」なのですか？

部落民は集落が「しるし」でした。そのため江戸時代にはムラの外に住んではならず、維新後も、そこから出てきて住むのを農民はじゃましたのです。

部落から離れても、なお部落民として、回りの人は見ようとしました。農民の悪意がつよすぎたのでしょうか。その農民に倣《なら》い、都市にまぎれこんでくる部落民を詮索《せんさく》する市民もまた多くいたのです。

西光万吉が奈良から上京して、谷中《やなか》に下宿したときです。その夜、つぎのような会話を耳にしたと、のちに講演で話しています。一九一二年（大正元年）の春に体験したことです。

「おかみさん、きょうは家へどこかから少年が一人はいってきたね」

「あれは奈良県ですよ」

「奈良県。奈良県にはね、三つの名物あるのを知ってますか」

「三つの名物ってなんですか、知りませんよ」

「あんたは知らんのかね、鹿と粥《かゆ》と新平《しんぺい》ですよ」

「あの少年も、新平じゃないのかね」

「そんなこと知りませんよ」

東京に着いた日の晩にこんな会話をきくと、疲れていても不安でねむれないでしょう。世話やきにして善良な「江戸っ子」のおかみさんが、とつぜん、こわい鬼になります。

すこし例がふるすぎましたか。

二〇〇五年の二月の集会で話された内容にしましょうか。

部落に生まれて、いまは部落のそとで生活しているふたりの女性が語っています。これを冊子で読みながら、わたしは唖然《あぜん》とした気持ちになりました。

ふたりの女性は四十代で、いずれも高校生と中学生の子がいます。しかも、ご両人の夫は部落の人ではありません。当人たちの意識はともかく、社会一般で、ふたりの女性を「部落の人」というのは、わからないわけではありませんが、彼女らの子たちについてはどうでしょう。

ふたりの女性は、子に「部落出身」だと告げなければならないときめています。そしてすでに子に話しました。ずいぶん考えたすえでの勇気のいる行動だったろう

二〇〇五年の二月の集会の冊子
『語ってみよう、自分のこと』「岡山部落解放研究所報」二六四号（二〇〇五年三月十日）

と思います。そして、そのことを聞かされた十代の子たちも、いろいろな思いをいだきながらも、母の言葉を受け止めました。そのこと事態にはエールを送りますが、しかし、子を「部落民」と規定していいのかどうかは、かんたんではありません。そのように考えると、部落差別が血筋による差別のようにむりやりに変形させられてしまうからです。部落民を、日本人ではない種族ととらえる意見は、『破戒』のなかの部落の語源の話のように、むかしはしばしば見られましたが、いまはそんなことはない。そんなことをいうと笑われるだけでしょう。

もし血筋の問題として考えますと、部落民という概念は、差別が消えてもつづくことになります。それを望むのかどうかは部落の人の意思にまかされていると思いますが、とにかく「部落」は延々とつづき、そのうちまた、部落内と部落外との人が結婚するでしょうから、部落民は増加の一途をたどり、ついに日本人すべてが部落民になるでしょう。そんなおかしなことを社会が容認するはずがありません。

ふたりのうちのひとり、中野美保子さんが語ります。部落差別の矛盾をもろにこうむっている言葉です。

「子どもにとって、お母さんは部落、お父さんは部落外、そのおばあちゃんはもっと部落外の人。けれども、自分とは血のつながりがあるという複雑な状態です。

子どもたちには優しいおばあちゃんが、部落の人と結婚することを反対するおばあちゃんだということで、情もからんで、私よりももっと苦しい気持ちを（子どもたちは）持つと思います」

理と情が反する苦痛を子たちが味わうといいたいのでしょうが、部落問題が家庭内に入り込んできたときの、よくわからない感覚が伝わってきます。家族は血縁を核にした共同体ですが、社会的な存在です。義子とか義母とか、血が伝わらない人が入ってきても、血縁と見なしてしまう強制《フイクション》があります。中野さんの場合は、自分が入っていくことで、そして子を生むことで、祖母と子がおかしな関係におかれていると考えているのです。部落をきらいな祖母の孫が部落民だというのですから。中野さんはつづけて語ります。

「部落外の人が（部落民を）差別をして、自分とは関係のないことのようにされている人がいますが、結局は、例えばうちでも、おばあちゃんは孫を通じて部落とは離れられない。他の人を差別した時に、結局は自分の首を絞めてしまうということに、どうして気がつかないのかなと思います」

右のような現実が二十一世紀にあるということをしっかりと踏まえて考えをすすめたいのですが、部落差別は血統による差別ではなくて、ケガレ観による忌避なのです。死んだものや血にふれるとケガレるというのです。死や血をいやがったり恐れたりするのは、伝染病の体験が背後にあるのですが、その危険をケガレとしてさけようとしました。予防医学のようなもので、古い時代の文化でもあります。当然、死穢《しえ》・血穢《けつえ》には、だれもが冒《おか》されるのです。身分とか職業とかは無縁でした。貴族でも町人でも、ケガレた人は一定期間、人に接するのをさけて家にこもりました。身をつつしんだのです。どれだけの期間、服喪《ふくも》するのかはケガレの種類によって決まります。平安時代中期の『延喜式』によれば、人の死に接した場合（死穢）は六十日とされています。家でお産があったとき（血穢）は七日です。

『延喜式』をきちんと守ったのは当時の文化人《インテリ》（貴族）だけでしょうが、彼らの視線は加茂川で馬や牛の皮をはいでいる人たちにもむけられます。そのとき河原にいた人はケガレた人と見なされますが、ちゃんと服喪すれば、ケガレはハレたのです。ある階級の人が生まれながらにケガレていたのではないことに注意してください。血統の問題ではないのです。河原の人は、生まれながらにケガレているのではなく、死穢の仕事が続いているために、ハレる間がない。そういうことだったのです。

江戸時代になると皮革生産を中心にする人たちは、ひとつの身分（穢多身分）を

『延喜式』　養老律令の条例を集大成した法典。醍醐天皇の令によってはじまり、九二七年に完成した。

獲得します。結婚は同じ身分のうちでおこなわれますが、身分内での婚姻は、武士だって町人だっておなじです。部落の人が外部の人と結婚しなかったのは血筋の問題ではなく、身分制社会での必然のきまりにしたがっただけです。

維新以降、まだケガレ観は残っていますが、もう身分制社会ではないわけですから、貧富の差はあっても、個と個の関係が成立するはずでした。しかし、農民は政府への反感から、政府側にいると考えた「穢多身分」を、けっしてゆるそうとはしませんでした。そのことはまえに書いたとおりです。穢多身分を「新平民」として排斥したいがために、文明開化に逆行してケガレ観を大事にしたのではないかと勘ぐりたくなるぐらいです。

そのとき、維新後の農民が「穢多身分」を排斥するしるしとしたのが、土地と貧困と職業でした。沖縄をのぞく日本全国に散在する「穢多身分」は、先祖代々の土地に愛着があります。引越しには費用もかかり、すぐには土地から離れることはできません。しかも「住居移転の自由」を解放令で保証されていても、陰に陽に農民がじゃまをしています。そして、一世紀以上たったいまも、農村部へ行けば行くほど、部落の集落がみとめられ、それが差別のしるしにされたままです。いっぽう、さきの中野さんのように、部落を出て部落外の人と結婚している人には、土地（集落）が目じるしにはならない。外貌《がいぼう》ではなにも差異がなくなります。

それでも部落民なのでしょうか。

彼女が部落民であるのかないのか。そのことを問うのは、「だれが部落民なのか」を考えるのとおなじです。

近代の差別は関係性のうちに出現するのですから、中野さんを「部落民でない人」が見てどう思うかです。部落外の人が部落民として差別しつづけるのか。とても部落民には見えない、なぜ部落民の範疇《はんちゅう》におしこめる必要がありましょうかと、部落外の人がそういうかどうかです。中野さん自身も、部落外の人と関係していて、自分のことを部落民だと思いつづけるのかどうか。外の人が「あなたは部落民と思えない」といっても、中野さんが「わたしは部落民だ」といえば部落民になるのです。双方の考えできまるのが、関係性のなかの「部落民」と「非部落民」ではないでしょうか。

中野さんと、そのまわりの人との関係は「地方区」の現実ですが、かれら双方の頭にあるのは「全国区」の文化です。部落の人とそうでない人とのあいだには温度差はあるものの、だれが部落民かを判断するとき、双方の頭を共通にしばっているのは、「全国区」の規範です。それに照らして判定をくだしています。

問題は日本の文化の質でしょう。文化のなかに、なにに価値をおくのか、なにを低く見てしまうのか、そういう判断の基準があって、それがずっと変化しているのです。日本文化のなかに、部落民を忌避したりおとしめたりする思考がなくなってしまえば、差別は生じません。二十一世紀のはじめ、日本文化のなかで、部落民の欠点をあげつらうのを知識だとするような流れがまだあって、それをおさえようとする流れもあって、いまぶつかりあっている。そのおよその対陣図はマスメディアの状況を知ることで判明します。

Q18 マスメディアは差別の元凶では?

マスコミは部落の話題をさけることで差別の延命に手を貸していませんか。一方、ネットのあけすけな書き込みは、部落民の「しるし」を探しているのでしょうか?

人権意識のたかまりというのでしょうか、差別の問題はおおいに論じられるようになりました。わたしの経験では、一九七〇年代以降、女たちが被差別者としての自覚をたかめてきてから、ほかの差別の問題も理解されやすくなったと思います。その時期、マスコミや教育現場や会社内研修などで、人権について真剣に語られていました。障害者が町に出ようと決心し、それをサポートするボランティアの人が誕生しました。

その後、経済の失調と能力主義の台頭のあおりをうけて、人権に関する配慮は急速に後景にしりぞいています。とくに部落問題に関しては、マスコミが完全にネグレクトする姿勢に転じました。年に一、二回の特別な番組で部落をテーマにするだけで、それを免罪符《めんざいふ》にして、あとはふれない。ふつうの番組では絶対にあつかわない。

そのようになってしまったのにも理由があります。ちょっとでもあつかいが納得できないと解放同盟などの運動体が目くじら立てて抗議にくるという意識が徐々にひろまってしまったのです。このようなマスコミの防御的な姿勢がそれまでの体験に裏打ちされているのか、多分に誇大妄想《こだいもうそう》なのかはわかりませんが、テレビにもラジオにも、新聞にも週刊誌にも、コミックにも小説にも、まず部落民は出てこなくなりました。部落の集落がえがかれることはまずない。

部落と部落民は消されてしまっているのです。

わたしはかつて、ラルフ・エリソンの『見えない人間』を読んだとき、なによりも感心したのは、本のタイトルが黒人差別の根幹をついていることでした。同時に、当時の日本の部落差別の実情をよくしめしているとも思いました。部落民や部落での生活を当時のだれもが表現しようとしない。部落のちかくに住んでいない人にとっては、部落民がまったく見えない。まだそんな人たちがいたのかということになります。

いまのマスコミがやっていることは、部落民を「見えない人間」にすることです。そのことで、部落差別の延命に手を貸している。そのことはまちがいないのに、

部落をあつかった今日の小説

直木賞作家の朱川湊人《しゆかわみなと》の『花まんま』に収録された短篇のひとつ「凍蝶」は部落の少年を主人公にしている。それが話題になるほど、今日の小説に部落は出てこない。

ラルフ・エリソン

アメリカの作家。代表作は黒人の運命を表現主義ふうに描いた『見えない人間』(一九五二年) 一九一四年〜一九九四年。

かれらは無自覚です。あるいは、わかっていても知らぬふりを決めている。「さわらぬ神にたたりなし」になっているのです。

ＮＨＫの地上波総合には、歴史をあつかうテレビ番組がむかしから週に一本ありますが、関東地方の穢多《えた》身分の統括者《とうかつしゃ》である弾左衛門《だんざえもん》をとりあげたことはありません。町奉行の手足として活動する穢多や非人《ひにん》の姿が紹介されたこともありません。あるいは全国にちらばる皮多村と皮革の流通についての話もでてきません。和太鼓《わだいこ》の歴史についてもないのではないかと思います。鎖国後の日本では死牛馬から皮革をつくったということも無視されています。明治維新直後の近代化反対一揆について語っても、解放令反対一揆（↓Q29）があったことはおくびにもだしません。

これが差別でなくてなんでしょうか。わたしはこんにち、部落差別のまえにたちふさがっているのは、ほかでもない、マスメディアの怯懦と怠慢だと思っています。

また大学の歴史科では、部落を研究テーマにするのを避けようとする傾向があります。学生が穢多身分とか皮多村の成立などの研究をしたいといいだすと、担当の教師はそれをやんわりとたしなめます。学者にあるまじき態度といわざるをえませんが、こんなことは人目につかないところで平気でおこなわれています。

取りあげ方がどんなふうであれ、わたしは部落についてすこしでもおおく語ら

弾左衛門
江戸時代の関東地方の穢多身分の頭領。開府後から維新まで十三代続き、皮革から生産流通、刑吏下級の手伝い、灯心草の専売などに従事し、非人など他の賤民たちを管轄した。

非人
乞食のうち、小屋頭に抱えられ、車善七などの非人頭に統括された者をいう（抱え非人ともいう）。町内の清掃、見張り、紙くず拾いなどのほか、穢多身分の手伝いをした（↓六八頁）。

和太鼓
祭などに使用する太鼓で、かつては時を告げたり戦場で使用された。木製の胴の両面に皮を張ったものが多い。和太鼓作りは、穢多身分の重要な仕事のひとつであった。

れることがたいせつだと思います。映画でもゲームでもコミックでも、部落が出てほしい。まちがいだらけでも、無視されるよりはましなのです。もし差別的な面があっても、運動体は衆を頼んで会社におしかけたりはしない。批判は言辞でもってする。けっして企業の経済活動を妨害してはなりません。

在日コリアンの人口は部落民の十分の一ほどでしょうが、あらゆるメディアによく露出しています。小説や映画にもしばしば登場します。そのことがよいほうに作用していると、わたしは見ているのですがどうでしょう。梁石日《ヤンソギリ》が『骨と血』で描く父親像は悪逆非道というほどの造詣《ぞうけい》ですが、あれを見て在日がきらいになったという人はいない。かれらの波乱の日々に興味をもった人のほうがおおいでしょう。

メディアで市民権を獲得するということは非常にたいせつです。部落出身の人も、スポーツ選手や歌手や役者や学者として活躍している人はおおいのに、なにもかもが見えなくされています。だれでもが知っているスターがいっぱいいるのに、出自《しゅつじ》はいわない。なんとかしたいものです。マスメディアでの市民権の獲得なくして、現実の社会での市民権も十全にはえられない。そんな時代にとっくのむかしから入っています。

インターネットでは部落のことを、Bとか、乳首とか　ブラックとかいいます。Bはブラクのローマ字書きの最初の字、チクビは地区B、ブラックは語呂合わせですが、これらのネーミングに悪意がなくはない。Dというのもありましたが、同和地区のDでしょう。Bは略語的につかわれる場合がおおいのですが、「部落」とか「被差別部落」と書かないのは、書きたくないという心理的なものがあるからでしょう。これらの語の言い換えは、「部落」はタブーであると書き手が考えているからだと思います。

ネットの急速な普及はメディアの勢力図をぬりかえるだけではありません。文化や規範にあたえる影響は甚大です。前世紀のおわりごろ、筒井康隆《つついやすたか》が絶筆宣言をして、差別語のあつかいなどについて、おおくの人が議論しました。テレビや新聞の現場には「差別語のリスト」があって、機械的にそれらの語をいい換える。それでいいのかという論点もありました。

わたしの考えは呼称の言い換えと同じで、記者やデスクが朱筆をもってチェックしている作業には、その時代の文化規範のレベルが反映されているので、一概にしりぞける必要はない。それらの検閲は自由な表現を阻害するが、また被差別者の人権を守る作用をはたしているというものでした。

絶筆宣言
一九九三年（平成五年）に筒井康隆が差別語チェックに抗議して、以降の執筆をやめると宣言した。『無人警察』という短篇が教科書に収録されるとき、「てんかん」についての認識が日本てんかん協会からクレームがついた。

今世紀になってのネットの発展はこのような考えをあっというまにふるいものにしてしまいました。かつて、メディアを通さなければ全国への発信はむずかしかったのに、いまはだれでもが全国にむけての発信が可能です。しかも途中に編集者や記者などのチェック機能がない。ネットではタブーは自分の頭のなかにあるだけです。権力がプロバイダーに介入して削除することはありますが、タイムラグがありますから、みじかい時間ならなんでも発表できます。むかしポルノ写真で、恥毛まではいいとか、性器はだめだとか、公安の官僚が口をはさんできましたが、それがうそのようです。どこまでならひっかからないか、ポルノの編集者はこっそりとその筋に手土産をもってうかがいに行ったのです。いまネット上では、ポルノはなんでもありで、そのほかの残酷な写真、交通事故、人身事故、戦争、イスラムの戦闘ゲリラに首を斬られる日本人の姿までも見ることもできます。また、これまでは権威の圧力を感じて、いいしぶっていたことも、ここでは自由にしゃべれます。実名であろうとハンドルネームであろうと、「無名氏」でもいいのです。

部落をBと呼んで、つぎのような書きこみもあります。

「部落民

① 背が低い

②　目が細い（一重でつり上がり気味）
③　天然パーマ
④　歯並びが悪い
⑤　目つきが悪い
⑥　しゃべり方が変（攻撃的）

今ではDAT落ちしたスレから持ってきたけど、今まで出会ったB二人はどっちも全部当てはまる。Bって天パ&目細い人多いの?」

まったくひどい内容です。たぶんこの人は、部落民の「しるし」を身体上に見つけたいと切望しているのでしょう。部落出身の野球選手や俳優や歌手やタレントの名をあげればすぐに破産する理論ですね。また右のリストにあてはまる人はどこにでもいますし、かつて白人がアジア人を特徴づけるために考えたリストにかぎりなくちかい。

ほかにも書きこみで、部落民がどういう人なのかをさがしています。つぎの引用は、生活習慣や性格に「しるし」をもとめようとしています。

「タダのものは何でも考えなしに使う・非常にあつかましい・身内の結束心が異常なほどある・してもらってあたりまえ・恩着せがましい・そういう地区なのに

ネットの規制

違法求人や自殺系サイトのように有害であると判断されて規制の網をかけられるサイトもあるが、部落問題にこのような選択はあってはならない。「見えなくなること」は、差別の延命しかもたらさない。

何故か男尊女卑。簡単に挙げるとこんな感じ。特に男尊女卑が疑問に思った。差別を受けて育ってきたのなら、そんなことしないと思うんだけどな……」

嫁と姑を対立させたドラマがかつてはおおくつくられましたが、右のような性格が攻撃されていました。どこの家庭にもあてはまるからでしょう。

つぎは、またしても、美が「しるし」になります。

「姫路出身だけど確かにきれいな女の子多かった。姓に特徴のある人とか、この姓には多いと思われる女の子に限って多かった気も」

結婚差別もあります。

「俺が昔付き合ってた彼女の父親は岐阜県のB地区の出だった。それを知るまでは結婚を視野に入れて付き合っていたのでショックだった。俺の家は親戚の多くが学習院の初等科へ行く位の名家だったので諦めた。その女は来月、教科書に出てくるような華族の末裔と結婚する。相手の家は出自を知ったうえで結婚するのだろうか……」

これではもう、清水紫琴の『移民学園』の世界ではないですか。かくも部落差別の規範は頑迷《がんめい》に生きつづけています。また、つぎのような「知識」をひけらかす人もいます。これも部落民がだれかわからないものだから、会話でのリアクションを、部落民の「しるし」にしようとしています。

「Bネタを会話に入れてみるといい。あくまでも差別は抜きにして。こんなことがあるんだよぉ、って。Bだったら大体それ以降、疎遠《そえん》になっていくな。いくらB問題に好意的な態度とっても彼らは離れていくんだよ、不思議と」

部落についての知識を欠く右のような酷薄《こくはく》な意見のほかに、部落民からのレポートもあります。

「私の住んでた部落地域のある一角には夜になると部落以外（一般民）のヤンキーも集まってきました。一般人よりヤンキーのほうが多数派である部落でタマるほうが、彼らにとって過ごしやすいんでしょう。あくまでうちの周辺での話ですが、ヤンキーの中でもリーダー格の人達って部落の人が多い。マジでヤバイ人間っていうの？　ヤンキー間でもおそれられてるような……そういう人が多い」

また、「部落の彼」との会話を報告する恋人もいます。ふたりの会話はあっけらかんとしています。

「彼に聞いてみると、『小さい時から差別はなかった。逆に○○の者じゃ！って言ってた』何だよ、利権使いまくりじゃん！って思った。そういえば医療代はもちろん教習代もタダだった、実家の家賃も三千円だと嬉しそうに言ってたな」

ヤンキー系

不良少年をいう。一九八〇年代に大阪難波の「アメリカ村」で買ったアロハや太いズボンをはいて繁華街をぶらついたのが始まり。

Q19 カキコする人は部落に関心があるのでは？

2ちゃんねるの情報は、周囲への気がねがないのか、普段思っていることが正直に出てませんか。ちょっと偽悪的ですが、参考になります。

こんどは関西の某地区の現役の「隣保館職員《りんぽかん》」が自分のまわりの部落について、インターネットにカキコした（書いた）ものです。部落の現状については、行政の担当部署や運動体の報告があるのですが、それらの無味乾燥なのにくらべて、こちらはイキがいい。

とくに以下に紹介する職員の文には、意図的な美化も悪意もなく、自己保身のあ、あやもない。まちがっているところもあるのでしょうが、すこし読んでみませんか。

二十一世紀初めの部落がここにあります。

「私の職場の部落は、それでも識字率《しきじりつ》が高い方らしいです。進学率は中学高校まではやや低い程度で、もうほとんど格差は解消されたように見えます。が、中身を見ると底辺校への進学が圧倒的で、学力が上がったというよりは、高校募集定員の

隣保館
同和地区と周辺の住民をふくめて福祉の向上をめざすため、各地に作られた。今日では、人権・同和問題の解決のための施設として位置づけられている（本文に出てくる隣保館の地名は不明。塩見が隠して「某地区」としたのではなく、ネット上でも隠されていた）。

識字率
読み書きができる能力のこと。一九七〇年代から識字運動として部落

枠拡大と、それに反比例する少子化で救われているという見方が正しいのかなと思っています。ちなみに、ここ三十年の統計を見ると、学区トップ校への進学者は未だにいません。二番手校への進学が二人います。大学進学率は三倍の格差がありますが、その中身も、高校の場合と変わりません。国公立大学進学者は、ここ三十年で二人いますが、二部です」

部落の進学率の向上はよく指摘されますが、表面の数字だけで判断してはいけないというのでしょう。わたしのようにむかしを知る者には、内実を問えるまでに事態が好転したのかとの感慨もあります。この職員はもうすこしの努力が必要だといいたいのでしょう。

つぎに生活保護について書いています。部落の人の生活保護率がたかいとよくいわれます。生活水準がひくいことを強調するためにいわれたり、就労しないで年金に頼っていると悪意をこめていう人もいます。この職員の判断はちがいます。一般よりも倍の率だと指摘して、その背景をちゃんと説明してくれます。

「生活保護受給率は三％程度で、これは、一般地区の倍近い数字かと。不正受給は、私の知る限りではありません。不正受給とかの話が出るのは、生活保護制度が担当官の裁量範囲が比較的広いことに起因すると思います。審査官の胸先三寸とい

で急速に広まった。学習した文字で自分史をつづったりした。識字率は部落内でのパーセント。

生活保護
一九四六年（昭和二十一年）に制定され、一九五〇年に改訂された。保護の種類は、生活扶助から教育・住宅・医療・出産・葬祭・介護の扶助にわたる。

う側面もありますので、『受給させてやるから、愛人になれ』または『脅されて渋々』というのは、ある話です。また、『生活保護＝恥』意識がありますので、生活保護水準にあるにも関わらず、受給しないという例も散見されますが、我々隣保館職員は、生活保護水準にあり、なおかつ他に就労支援などの代替案《だいたいあん》がない場合に、生活保護を進めます。しかし権利として理解されないので、説得に苦労する場合もあります。そうした行政活動も、受給率を上げている要素となっていると思います」

職員の観察記録は多方面にわたります。食べ物と言葉遣いにもおよびます。知っている人があまり書かないことなので、ここに引用します。

「生活習慣では、食べるものからして違います。すじ肉、ホルモンや馬肉などを食材としたレパートリーが豊富で、とてもおいしいです。言葉は、コミュニティー内でしか通用しない名詞や形容詞、動詞が多数あります。発音に関しては、文字から言葉を覚えるという学習方法がメジャーではなかったので、特徴があります。『ローソン』が『ドーソン』などが一例です。『ろ』と『ど』は、文字の力を借りることなくして耳だけでは判別しにくいようです」

「内でしか通用しない名詞や形容詞、動詞」の例が書いてあればもっとよかった。

つぎに、都市部落と農村部落のちがいについての意見があります。

「生活ぶりですが、田舎と都市の未指定地区に訪れた経験を紹介します。田舎の方ですが、一三戸の散在型被差別部落で、家屋は昭和初期のままです。そのうち三戸は、電気も水道も通っていませんでした。人里離れたところにあり、道路に出るまで、野原を歩かなくてはなりませんでした。驚きました。生活ぶりは、推してはかるべしです」

「都市の方ですが、混住が進んでいて、全く部落だとわかりませんでした。再開発にも掛かったらしいです。生活ぶりは知ることができませんでした」

都市が大阪なのか東京なのか、ほかの都市なのか書いてありませんが、再開発に遭遇してしまうと、隣保館職員でもわからなくなります。部落と呼ばれていた土地がなくなると、部落民の「しるし」が消滅するわけです。

つぎに部落内の搾取の一例があげてあります。

「部落内の『その日暮らし』の人たちは、普段の生活をやっていくために『金融』を必要とします。銀行などは相手にしてくれないし、消費者金融も手続きが要りますので、気軽な金融として『村の実力者』が重宝します。当然利息は付いていますので、その人たちの所得の一部は自動的に『村の実力者』の所得になっていくわけです。それで家屋をとられる人も多くいます。そうすると、今度は家賃まで取られる訳です。こうして、生活が『実力者』なしでは成り立たなくなりますし、頭もあがらなくなります。ところで『実力者』にとっては、こうした住民に同和対策事業で自立されると非常に困るわけです。今まで、自分たちに有利に働いていた経済環境が一変しますから。運動を頼りとし、日常は同和対策事業で救われるという風になりますので。ですから、地区指定や運動の組織をつぶしにかかるわけです」

このような部落もあるということです。

つぎの話は部落民がその居住していた場所からそとに出てこないようにする事例です。きめられた土地にいてこそ部落民だとわかるからでしょう。わからなくなるのをおそれているわけです。

「仕事の経験上、自分に利害関係が及んだときに差別意識は助長されると思わされることが多いです。例えば、隣の自治会では、自治会員の所有する土地（家屋地も）を三角に区分けし、会社を作って一括所有していますが、これは、個人による土地の売買を不可能ならしめる手法で、その目的は、部落の者が土地に入って来ないようにするのが目的らしいです。（実際にその自治会の長老に話を伺いました）。これは、象徴的な事例かと。これが普遍的かといえば、?·?·?·?·ですが。あと、道路行

地区指定

特別措置法が適用される対象地区のことで、市町村が府県を通して国に申請した。当然、「未指定地区」があり、部落の数とは一致しない。一九六七年には三五四五地区、一九九三年には四四四二地区。

政においては通常は、国道レベルになると直線を基本に考えるわけですが、その直線が今までの部落と外の境界を破壊するという隣《となり》自治会の主張で、国道が曲げられたということもありました」

これまで、道路や鉄道が部落をふたつに引き裂いて策定されたという例の報告がおおかったのですが、右の話は、部落に隣接する村の要求で、「今までの部落と外の境界」が守られたというひどい例です。

ここに書きこまれる内容は、誤解や誤認がかなりあるにしても、書店では得られないような情報です。学校の同和教育ではおしえてもらえない事例です。

Q 20 同和地区はどういう判断できまるのですか？

隣保館職員の態度がまじめなので、質問も本質的になります。部落について知りたいことが次々と書きこまれました。初めてカミングアウトする人もいます。

「だれが部落民か」という抽象的な問いはすでにくりかえしてきました。身分制ではない近代社会では、だれが部落民であるか、部落民ではないかは、相互の関係で決まるというのがわたしの結論でした。

しかし、実際の現場では、そんな抽象的な意見は役に立ちません。もっと具体的に判断する基準をもうけなければならない。どのような条件を満たすと「部落民」とされるのでしょうか。

母親が子を同和保育所にあずけたい。この親子が「同和地区住民」なのかどうか。どのようにして判断しているのでしょうか。隣保館職員のこたえはつぎのようでした。

「混住が進んでいますので、住所で見分けるのは不可能です。『保育に欠ける子』

同和保育
部落の子たちを〇歳から預かり、その成長・発達を保障する保育所。

として入所するのは、推薦書《すいせんしょ》が必要となります。推薦を出す主体は、地区で組織された公益団体です。それで判断できます。ただし、両親の全てが働いている場合は必ずしも推薦状の有無が要件とならないので、判断不能です。しかし、部落の保護者によって組織された団体が名簿を保育所側に提出しますので、それで判断することができます」

　ここで質問が入ります。

「『推薦を出す主体は、地区で組織された公益団体です』ということですが、その団体は解放同盟ですか？　その団体は、どうやって名簿（部落名簿とでもいうのでしょうか？）を作成するのでしょうか？　つまり、私は部落民をどうやって規定するのかが未だに分からないのです」

　わたしたちとおなじ関心から、一気に本題に突入します。「部落民をどうやって規定するのか」という問いです。そのこたえは、

「推薦主体は、自治体によって異なると聞いておりますが、基本的には『自治体が認める同和事業推進の実施協力団体』です。運動体の勢力にもよるでしょうが、解放同盟、全解連、自由同和会の三団体は、政府の公認？なので、推薦書が出れば受理できると思います。さて、同和事業の対象としての部落民かどうかの規定です

全解連

　全国部落解放運動連合会のこと。六〇年代の安保闘争総括をめぐって共産党内の路線対立を起因として一九七六年に発足。部落解放同盟に対して厳しく対立している。二〇〇四年差別はなくなったとして組織を終結し、「全国地域人権運動総連合」（全国人権連）になった。

　その基本的な認識は、部落差別が「解消しつつある」ので、糾弾よりも啓発と対話でもってするという。「解消しつつある」の理由として、「半封建的な土地所有の瓦解《がかい》」をあげているのは、古いマルクス主義の考えといえよう。いや、竹に木を継ぐような理由といえよう。差別が近代社会固有の現象であるのがまるで

が、これは行政が判断するものではありません。地区の公益団体による被推薦者＝事業対象者と規定します。公益団体の内規では『属地・属人』を採用しており、『地区に住んでいて、なおかつ、血統的にも部落民の子孫であること』が推薦条件ですが、この規定自体が非常に曖昧で、ときに、無用の混乱を招く原因ともなりますが、行政としては公益団体の審査（の結果の名簿）を信用するしかありません」

とこたえます。

ストンとわかる内容ではないですから、質問者が再度、質問しています。

「公益団体の内規では『属地・属人』を採用しており、『地区に住んでいて、なおかつ、血統的にも部落民の子孫であること』が推薦条件ですが、と、答えられますが、ここが『なぜ、部落民なのか？』のキーポイントだと思うのです。属地・属人、これは理解できるのですが、血統的に、とありますが、これらは部落の起源まで溯《さかのぼ》り、そこから現代までの系譜のようなものが各家庭に残っているのでしょうか？　或いは、先祖代々部落民の家系だと語り継がれた結果なのでしょうか？」

「属地」は同和地区にいること、「属人」は親が部落民だということなどでしょうが、「血統的にも部落民の子孫」といういい方は納得できないと質問者はいうのです。隣保館勤務者のこたえはつぎのようなものです。

わかっていない。本書であえて「2チャンネル」の書き込みをとりあげたのも、それらの表現に差別意識が刻まれていることを知ってもらい、部落差別が今も延命していることを指摘するためだ。また、部落民への差別は、かたちを変えて路上生活者への襲撃などをもたらしている。

自由同和会

自民党が一九六〇年に結成した全日本同和会から別れ、一九八六年に結成。自民党も自由同和会に比重を移した。部落差別解放を目的とする組織がこのように政党別によって分かれて対立しているというのは、この運動がいかに政治的に存在してきたかという証左になる。それは部落民が政治政策的に利用されつづけているともいえる。

「『属人』とは血統的なことを指しています。技術的には、新平民制度時の住民台帳や過去帳を引っ張り出せば、裏付けがとれます。しかし、倫理的にも法律的にもそんなことは許されないので、地元精通者の判断を仰ぐわけです。公益団体で系譜を所持しているかは知りませんが、よっぽどの家でなければ通常は系譜など作成していないでしょう。差別された地区住民自身が語り継ぎ、差別した地域社会が語り継いだ結果だと思います」

なんだかすっきりとはしません。いちどは身分制度を廃止した近代社会で、身分をなんとか確定しようとしているからでしょうか。根底的な矛盾がふくまれています。『属地』と『属人』とふたつをいわなければならないのは、血統的な『属人』だけでは、スラムなどから部落に流入してきた人たちを部落民として認定できないからでしょうか。あるいは、部落民は血統による存在ではないことをいうために属地をくっつけておきたかったのでしょうか。

つぎに、部落民の職業と生活レベルのことが話題になります。

「他地域と比べて明らかに多いのは現業公務員です。普通のサラリーマンも少数ながらいますが、上場するような企業ではありません。自営業も若干多めかと思われます（医者や弁護士に代表される資格系の自営は皆無ですが）」

属地
対象地域に居住していることをいう。

属人
部落関係の住民であることをいう。

住民台帳
普通は住民基本台帳のことをいう。個人単位の住民票を世帯単位に編成したものだが、ここの本文では、一八七一年の壬申戸籍《じんしんこせき》のことを指しているようだ。

過去帳
寺院で死者の法名、俗名、死亡年月日などを記載した帳面。

もちろん、部落民の「医者や弁護士」がいる地区もあります。回答はこの隣保館職員の知る範囲にしぼられていて、それが具体的なので参考になるわけです。例外があることを頭に置いて読んでいればいいわけです。つぎに、公務員の「現業職」についての質問があって、隣保館職員は説明しています。

「現業職に占める同和地区住民の数は多いですよ。生活安定に寄与するために、積極的に同和地区住民を採用してきた経過がありますから。運動体が有力な地域の現業公務員は同和地区住民の数が多いと思います。現業職の中で人気のあるのは、仕事の楽な順番だと思います。給料変わりませんから。バキュームが人気があるというのは聞いたことがありません。動物遺体処理は、ゴミ回収作業員がやるのですが、五〇〇円の手当が付きます。嫌がる人が大半ですが、平気な人もいるので、その人達が小遣い稼ぎ感覚で処理していると聞いたことがあります」

つぎに就職状態に言及があります。

「平均賃金（公務員の給与程度）を上回るような会社への就職が全くと言っていいほどないので、高額所得者は建設業者、商店主などの自営業者にほぼ限定されてます。これらの住民と公務員を除くと、零細企業勤め（工務関係）、日雇いがほとんどです。所得水準、学力水準とも一般地区を上回っている部落も例外的に存在します（調査

現業職　管理的な事務職ではなく現場の仕事につく人。

を見て、私も驚きました）」

　このあと、学校関係の話題にそれて行きますが、ついでに引用しておきました。

「学校に行けないほど貧しい家庭はほとんどありませんが、一部の地区ではまだ未就学が問題とされています。学校に行かない原因は経済的なものでなく、家庭や生活環境が荒廃しすぎていて、親も学校に行かなくても無関心だし、子どもも学校に行く意欲すらわかない、というケースが多いという印象を持っています。低学力は、家庭教育力の低さに原因があると思っています。静かに勉強できる環境を持っている子どもが少ないですから。中には、学習机さえない子どももいます。貧乏で買えないわけではありません。そうした子でも携帯電話、テレビゲームなどは買い与えられています。非識字率は、年齢が上がるほど高くなります。（某氏の）『勉強する為の時間やお金があるにも関わらず、やはり勉強する人は少ないですね。親もヤンキー系が多いから、当然？教育熱心ではないし』の指摘も当たっていると思います」

　ネット上でのこれらのやりとりを読んでいた部落出身の人も参加してきて発言しています。その二、三を紹介しておきます。まず最初は、初めてネットにデビュー（カミングアウト）したと述べる女性からです。

「母方の家紋はクロス矢のB（武士落ち）ご先祖はBの発祥について著書も書いてます。結構有名な本。父方は家紋は橘、農業、豆腐や、建設業、不動産、議員もしました。私の本籍地は差別されないよう、裕福なこともあってB地区で暮らしてなかったため、中学の頃両親から聞かされるまで知りませんでした。父、父の兄弟、私と兄弟全て大学卒です。現実を知ったのはやはり社会人になってから、結婚適齢期になり、ある会社員だった私にお花の先生が見合いを勧めてくれましたが、どう調べたのか本籍はBでないのに、バッタリ取り消しになり、退職するはめに。従兄弟もほぼ全て大学卒でBでない人と双方合意の上めでたく結婚が多いです。医師、薬剤師もいます。すべて、Bであっても人間としての尊厳を失わず努力してきた結果だと両親、祖父母に感謝しています。悲しいですがB同志であそこのBはと職業で差別しています。母方は父方より上のB？ということで結婚反対されたそうです。四本指といいますが、私の親戚には障害者も精神疾患者も一人もおりません。B地区で育ってないので、そして裕福だったので品があるとか、お嬢様ねぇとか言われると苦笑いしてしまいます。悲しいけれど、Bの男性と縁がなく、B以外の男性と結婚する勇気もなく、アジアンと結婚しました。生まれて初めてのカミングアウトです」

四本指

部落民を指し示すシグナル、または差別語。牛馬に関連した職業に就く者が多かったため、四つ脚のイメージが指の欠如に転移したのだろうか。戦後になっても使われていた。

つぎの三人は部落の生活に批判的です。悩んでいるといってもいいでしょう。

「でも言ってること（＝『西のBの人も、東京に引越してきたらいいかも』）は当たってますよ。東京は地方出身のBにとって、とても暮らしやすいところです。しかし、それは差別されないからだけではないのです。実は子供の頃から部落民同士での付き合いが苦手でして、部落外の学力水準が同じぐらいの子と遊ぶことのほうが多かったんです。それに私の同和奨学金を拒絶したら、地区内の町会議員から嫌がらせを受けたりして、差別者の気持ちも理解できるんですよ。子供の頃はこんな部落一秒でも早く出てやろうと思って勉強ばっかりしてましたよ」

この書き込みにつづけて、べつの人が、

「私も同じです。私と同じ部落に住んでいる人達、若年層はヤンキー系が大半を占めていて、ヤンキーじゃない普通の子はヤンキーにいじめられやすい環境なのです（苦笑）。だからうちの部落の子で『非ヤンキーの子』は、小中学校の時点で私立に行って、そういう人達と極力関わらないように努めていました。というか子供のことを心配して、親がそうしてるんでしょうね」

つぎの人は「離婚宣言」をしています。

「私は離婚する。ただ、今日も今日までひたすら黙っていた母が可哀想だ。母は闘った挙句、今は鬱《うつ》状態になってしまっている。母は、駆け落ちして父と結婚している。本籍のある町に私を連れて行かなかったこと、父が猛反対するのに私に越境入学させたこと。そうだったのか。大学の奨学金は四年分、未だに督促無し。その意味が判った。誤字脱字が多くてすみません。ちょっと動揺しています。実は、私は部落民を差別している方の人間だったので。母に強烈な意識を植え付けられてきたんです。人間って悲しいね」

右の最後のカキコを読んで、わたしは四十年まえに小説『黄色い国の脱出口』で似たような状況を書いたのを思いだしていました。なにもかわらないのかとつぶやきましたが、いや、それでもかわってきていると思います。

おなじことを隣保館勤務者にたずねた人がいた。

「最近は差別は減ってきているのでしょうか？　この板《いた》は逆行なのか、世の姿を反映しているのか？　とても気になります」

その回答には希望の光が見えています。

「確実に減少しています。データからを見ても明らかです。また、近隣自治会の長老達の言動からも感じ取ることができます。私の経験では現在六十歳くらいの人たちの、同和地区に関しての意識が最もダイナミックに変わったのではないかと思

板
ネット上の書き込みの掲示板のこと。ボードともいう。

います。人権ボードに集っている人も色々でしょうが、バーチャルな空間で『差別』という『面白い』ネタでの言葉遊び、ロールプレイをしている人が多いのかな、と思えてきました。そうした人たち全員が、実生活でも同じような意識を発揮し、同じような役割を果たしているとは思いにくいです」

インターネットからの引用はこれでおわります。差別的であろうと反差別であろうと、部落についての関心が背景にあります。そして、おおやけのメディアでは隠されているものがここにはあります。書きこみのうちにひどい内容がまぎれこんでいるのはたしかですが、それもまた、書き手の「心の貧困」を写していると見れば、日本の社会と今日の文化レベルを知るうえでの参考になります。

Q21 差別を利権にすり変えていいのか?

部落差別に反対する組織を手がかりにして利権と利益を追求した行為が発覚しました。これが一事例ですむのかどうか。解放運動の転換点になるのでしょうか?

あらゆるメディアは、「知りたい」という受け手の要求によってささえられています。ネットで部落の話に熱中している人のおおくが、部落は隠されているのではないかとうたがっています。それでネット上でさかんに情報の交換をするのです。

政府の広報や学校の教科書などにも同和問題は記載されています。しかしそれらが、外面だけを飾ったもので、内実をきちんと伝えてないという認識がいつのまにかできています。ＮＨＫや大新聞でも真実はつたえないと、いつのまにかそんなふうに思う時代になりました。

新聞よりも週刊誌のほうがまだ可能性があったのでしょうか、大手食肉卸《しょくにくおろし》の「ハンナン」会長の浅田満《あさだまん》が部落解放同盟の大阪府連を足がかりにして富をきずいて行く過程を掲載したのは、「週刊現代」（講談社）でした。二〇〇二年（平成十四年）

のことです。これまで、一般には知らされていなかったことがそこには書いてありました。著者の溝口敦《みぞぐちあつし》は、「一言で浅田をいうなら同和と食肉、二つの行政の不備を上手に食い、途方もなく肥え太ったゴッドファーザーとなろうか」と述べました。

そして、ここに出てくる「同和」を目ざす組織について、つぎのように批判しました。

「解放同盟員による『糾弾』は同対審答申《どうたいしんとうしん》前後から社会的に猛威を振るい、行政やマスコミ、宗教界、などに極度の恐怖心を与えた。そのため解放同盟や同和問題に対しては長く『触《さわ》らぬ神に祟《たた》りなし』状態を現出したばかりか、糾弾を引き起こしかねない差別に結びつけられそうな行政や言動、言葉に対して、過度の自主規制を招いた。あるいは公金をたれ流し、不要な出費を続けることで糾弾をまぬがれ、慰撫《いぶ》し、結果として利権集団化に力を貸したのだ」

まさに正鵠《せいこく》をついた指摘でした。おおくの人がうすうすと気がついていながら、裏表の両面を知らないために口にできなかったことでした。あるいは、運動体の自浄能力にまだ期待していた人もいたのでしょうか。

わたしの知人にはわたし同様の物書きがおおいのですが、右の団体に呼びださ

同対審答申
同和対策審議会答申のこと。一九六一年にできた同和対策審議会が六五年に総理大臣に出した答申をいう。以後、同和行政の基本になる。

れたりしているうちに、しだいに部落について書かなくなるのがふつうでした。本人は自主規制したつもりは毛頭なく、めんどうなことにかかわりたくないだけでしょう。それでも、部落に関心をむける人がへるのは残念でした。

わたしも二度ほど注意を受けましたが、ひとつは挨拶がなかったという不満で、よくわからないまま出かけました。いまひとつは、わたしの著書にある地名と写真がこまるというもので、だれがこまるのかわかりませんが、謝罪しました。かれらにも悪気《わるぎ》はなく、いや、それどころか、そのようにふるまうことが部落解放につながると信じているようでした。また、講演に出かけたさきの役所の同和担当者から、自分は部落差別について心をいためているが、土地の同盟の役員と話すのがいやだ、すぐに声をあらげる。会話が成立しないと訴えられたのを思いだします。このような交渉過程で、行政の側にも、「不要な出費を続けることで糾弾をまぬがれ」ようとする姿勢がうまれてもおかしくはありません。

「週刊現代」の連載は、溝口敦『食肉の帝王——巨富をつかんだ男浅田満』というタイトルで、二〇〇三年五月に講談社から単行本になりました。そこにおける、ハンナンの浅田満についての記述も、その後の牛肉偽装事件を見れば、おおむねきちんとしていたわけです。浅田満は国のBSE（牛海綿状脳症）対策事業を悪用したとして、詐欺と補助金適正化法違反などで逮捕され、二〇〇五年五月に大阪地裁で懲役七年がいいわたされています。

部落解放同盟がこのような人物とふかくかかわってきたことはじつに残念です。そとから見ているかぎりでは、金銭のうごきや、政治家や官僚との関係や、選挙運動とのかかわりなど、なにひとつわかりません。運動体が清廉潔白《せいれんけつぱく》だなどとは思いませんが、その目的を放棄してしまうようなことまではやるまいと信じていました。

十年ほどまえ、大阪の解放同盟にまねかれて、差別語についての講演をしたことがあります。そのとき何人かの幹部クラスの人と始めて言葉をかわしました。わたしの会った人は、文化関係の方がおおかったからか、まだ情熱を失っているふうではなかった。若手のほうは政治的な手腕にたけていて、古参のほうには人間味がありました。そんな印象でしたが、まちがっていたでしょうか。壇上にむかうわたしに、

「なにを話してもらっていいですから」

と、自主規制をするのではないかと心配して、そのようなアドバイスまでしてくれました。

その組織がハンナンのような団体とつながっていたというのは、おおきなおどろきでした。なんだか体から力がぬけて、ああ、やはりそういうものか、という諦《てい》念《ねん》がひろがりました。そうでしょう、ハンナンにすれば、部落差別がいつまでも持続し、それに対する解放運動が政治的な圧力でありつづけることが必要なのです。

ハンナンがやったことは、部落外の人もやっているではないかという弁護もありました。確かに雪印食品、日本食品、日本ハムの子会社による牛肉偽装事件がありました。しかし事件の類似性だけで同列に置いていい問題でしょうか。そうではない問題がハンナンにはあります。

浅田満が部落解放のために偽装牛肉事件をおこしたのなら、いろいろと弁護してもいいかもしれません。きれいごとのスローガンだけでは事態がすすまないこともあるでしょう。部落民の差別解消のためには悪にも手を染める。むかしの義賊《ぎぞく》のようならまだしもです。しかし、五十億四千万の助成金を不正に取得したのは自分の欲でしかなかったのではないか。その金銭はどこへ流れたのですか。

たぶん、BSEの牛が国内で見つかったときから、すぐにピーンときて手をうち、手をつくしたのでしょう。一審の判決では、「組織ぐるみで計画的に公的事業を食い物にした犯行。自らが多額の利益を得る仕組みをつくり上げ、終始積極的に関与した」と指摘されています。浅田満が一九七〇年に、同盟大阪府連の指導のもとで同和食肉を設立したときは、もうかったら運動にカンパしようということもあったでしょうが、自分の息子たちをヤクザ世界に配しての事業の展開は、ただのカネもうけでしかありません。

ハンナン事件は、長年解放同盟と敵対していた共産党系の全解連をおおいによろこばせたようです。その息のかかった『同和利権の真相』という本がつぎつぎとあらわれました。文庫本にもなり、おおいに売れているのは、日ごろ薄々、なにか隠されているのではないかと感じていたことへの切開と告発をこれらの本に期待した人がおおかったからでしょう。それに対して、解放同盟系の解放出版社が、『「同和利権の真相」の深層』という本を出しましたが、両者を読んでも、いまひとつなにが問題なのかがわかりません。どちらも政治的な立場を死守しようとしているものですから、はじめに結論ありきでしょうか、政治的言語の応酬になりがちです。これまでの主張の反復と居直りです。いずれもマルクス主義が基盤にある組織ですから、政治的言語の無効性にいまだ気がついていないのかもしれません。

わたしは常々、ほかの政治組織や労働組合などでは、マルクス主義の崩壊に前後して、スターリニズム批判や運動幹部の官僚化への批判が行われたのに、なぜ、

別冊宝島Real029『同和利権の真相』

（宝島社、二〇〇三年）

マルクス主義の崩壊

その時期をいつに設定するのかは難しいだろう。スターリン批判が出たのは一九五六年、ソ連がロシアにもどるのが一九九一年です。

似たような組織の解放同盟ではそれがおこらないのか疑問でした。おこる必要がないほどに部落民大衆の生活にむすびついて運動をつづけてきたのか。それとも、旧態への批判が出せないほどに疲弊《ひへい》し堕落《だらく》しているのか。そのどちらともわからないまま、いくらか心配して見ていましたが、こんどの同和利権に関するこれらの政治言語の応酬を見ていれば、いまだに旧態のままなのかと残念に思います。ハンナン事件が世間一般にあたえた部落解放へのマイナスの影響は、たとえ「別冊宝島」がくりかえし攻撃をしなくても、ボディブローのようにしだいにきいてきます。

わたしはよく知りませんが、もしリトル・ハンナンが各地の部落に巣くっているとしたらどうでしょう。片方の手で荊冠旗《けいかんき》をふりながら、反対の手では札束をつかみとっていることになりませんか。政治的な権利、権力を得ることが部落解放につながるという方針のもとでは、事態を切開して運動の透明性をたかめることができないのではないですか。種々の特権を得ようとする方針から、早く脱する必要があります。そうでなければ、いまも経済的に困窮している人、わが子にうちは部落民だといえなくて悩んでいるあまたの親たち、こわくて恋人をつくれない若者など、そういう人たちはどうしたらすくわれるのですか。

差別する人がだれで、差別に反対する人がだれか。差別を食い物にする人、そこにぶらさがっている人をはっきりさせてください。もういちど出発点にもどって、ほんとに差別に反対する人たちが声を発してください。政治的な権力を目ざす運動と差別解消の文化運動とは、まったくべつのものです。

Q22 結論・隠すのか顕すのか?

部落の場所が、『部落地名総鑑』という愚かな行為のために、一度は隠されましたが、そのままでいいはずがありません。部落解放の究極を考えましょう。

身体になんの「しるし」もないときに初めて、隠すのか顕すのかという問題が生まれます。黒人や女性の場合は、だいたいが一目でわかります。隠しようがない。しかし、部落民はなんの「しるし」もありません。目がほそいか、歯ならびがわるいか、顔が赤いか、しゃべり方が変か、差別者はいろいろと「しるし」を部落民にくっつけようとしましたが、うまくいきません。ムラを出て歩いて行けば、だれにもわからない。

これが部落問題の特色です。

隠せるから、だまっている。すると、こんどはそれを暴こうとする力がでてきます。むかしながらの集落なら、近隣の農民が監視しています。町なかでも、世間の目というのがこっそりとうかがっています。インターネットもそのようなもので、いつでも凶器になります。まえにも述べましたように、テレビや出版物とちがい、発信者自身がもつ規範以外にかれをしばるものはありません。自分の興味のおもむくまま、あらゆる隠されたものをさがしだして、あばいて平気です。

つまりネット上の表現に関しては、これまでの差別語の禁止規定もうまく発動してくれません。被差別部落は、Bとか、乳首とか　ブラックとか気ままに表記されます。真面目な内容も不真面目なものもありました。善意と悪意がないまざっていたりします。もうこうなると、差別語の使用をやめにしたいといってみたところで、どうしようもありません。

いまできることは、せいぜい日本文化全体の質の向上をはかり、「全国区」のほうから部落差別そのものをなくすことでしょう。つまり、どのような呼称でいわれても問題が生じないようにする。そのような差別解消しか方途がない時点に立ちいたった。西光万吉が宣言に記した、「エタである事を誇り得る時」を獲得するしか方法がありません。ネットでは日常的なタブーが成りたたなくなっています。これまでは、新聞社や雑誌社やテレビ局が、あるいは文部科学省や運動体があいだに入って善導する、つまり情報のチェックをしてきたのですが、それができません。

ネットでは部落がどこにあるのかもまた明らかになります。自分の居住地のそばの部落についてのレポートが写真入りでのります。興味本位の記事もあれば、その生活環境をうれえているときもあります。

部落の実情をネットに記入する人のおおくが、部落の所在地が隠されていると思いこんでいます。『部落地名総鑑』の事件が、皮肉にも部落の地名などについて語るのはタブーだと錯覚させたようです。

『部落地名総鑑』というのは、『日本の部落』などの表題で、全国の被差別部落の地名・所在住所、それに住民の主な職業までも一覧にしたものだといいます。わたしは見たことがありません。部落出身者を就職時や結婚の際に排除・差別することを目的として、興信所や探偵社が密かに出版したのです。これらの図書を購入したのは、多数の大企業でした。一九七五年に解放同盟がそのことを知り、全国的な糾弾闘争が展開されました。

企業にとっては弁解のしようがありません。採用問題の参考にしようとして購入したことは、部落民を排除するためでしかないからです。東京証券取引所一部上場の名だたる大企業が名をならべていました。こういうのをお里が知れたというのでしょうか。本社ビルばかりでかくて豪華になりましたが、内実は旧弊《きゅうへい》で人権意識が皆無《かいむ》であったことがばれてしまいました。

糾弾闘争

『部落地名総鑑』への糾弾闘争は一九七六年に、大阪・群馬・愛知・兵庫・京都・東京など二九都府県で行われた。その結果、各地に「同和問題企業連絡会」が結成され、社内研修などにとりくんだ。

この事件はひろく知られて、たんに就職における部落差別をなくすというだけではなくて、部落の地名が活字になるのをさける風潮を生んでしまいました。歴史の研究書ですら、部落の住所をあいまいにしだしたのです。最初に述べましたが、場所や人名が明記されない研究になんの価値があると思いますか。太平洋戦争下の検閲の時代ではないのです（→Q3）。

このような善意からくる配慮や書き手の自己保身によって、部落はふたたび隠されたのです。「寝た子を起すな」という考えを一方で批判し、片方では、その所在地名を「寝させた」のです。このダブルスタンダードをだれもがおかしく思わなかった。善意も良心もいつでも阻害物になるおそれがあるにもかかわらず、部落地名を隠すことに腐心したのです。

講演に出かけたさきで、その地の部落を案内してくださり、説明までしていただくことはよくあります。とても勉強になり、出かけて行くたのしみになりました。その一方で、「部落はどこですか」「この市にはいくつぐらいありますか」とたずねても教えてもらえないこともありました。だいたい教育委員会の人がおおかった。その人は自分は知っているとにおわすのです。それでも教えない。わたしに話して、わたしが本に書いて、そのことで土地の部落の人が迷惑をこうむるのをさけるつも

「寝た子を起すな」式考え方の批判

水平社運動以降、部落解放運動・同和教育運動は、「寝た子を起こすな」式の考えを批判してきた。放っておけば差別がなくなるとする「部落解消論」や、ムラの外へ出て住めばいいという「部落分散論」が批判の対象となった。その過程で、「地区名起こし」といわれる部落の地名を具体的にあげて学習する方法や、部落民宣言と称して子たちの胸にしるしをつけて登校させたり、フィールドワークとして各部落を探訪したりする試みがおこわれた。いずれも一部にとどまり、広まらなかった。部落外の人の協力のないところで顕すのには、それなりの困難と痛みがともなったためだ。

りなのでしょうか。

これもまた善意からくる知の独占だと思いますが、なんのことはない、地元の人はどこが部落かみんな知っているのです。

部落差別の事例は「地方区」でしかありません。みんながどこに部落があり、だれが部落民なのかを知っているからこそ、差別が可能になるのです。地元では隠そうとしても隠せません。

それにまた、『部落地名総鑑』を見ないでも、教育委員会のかたに教えてもらわなくても、部落の所在地はわかります。わたしもかなり知っていますが、ずっと短時間で二千以上の部落所在地をリストアップした人がいます。戦前の本には県によってはリストがありますが、それに加えて、ネットの情報や地図や神社仏閣などから割りだすのです。その一覧表を見せてもらうと、部落の形成史などを自然と頭に描いてしまいますし、部落がいかに密《みつ》なネットワークを形成してきたかがよくわかります。

そこにわたしの知識をくわえて、街道や城郭《じょうかく》との関係とか、ふるい部落かあたらしいものか。江戸時代には、皮革を中心にしていたのか、行刑《ぎょうけい》の手つだいか、それとも番人か、それとも薬種屋か。近代以降になってできたのか、裕福なのか貧しいのか。いろいろな作業ができます。山間の部落と海辺の部落のちがいも考えてしまいます。また遠く離れた土地の部落間につながりがあることを知ったりします。そうすると、これまでにおしなべて「部落」といわれていた集団がじつに多様なすがたをしていることがわかります。しかも、中世・近世・近代の歴史までを体現している。アンタッチャブルであった時間が何百年かあったものだから、いろんなことがわかるのです。

脱線しました。

隠すのか顕すのか。たぶん単純化はゆるされないでしょう。『部落地名総鑑』のような本は廃棄処分にする必要があったでしょう。前世紀のあの時点では発禁処分にするしかないでしょう。部落の青年たちの就職や結婚をはばむためだけの本なのですから。しかし、これら地名を隠しつづければ、部落はまた見えなくなります。「見えない人間」は社会的な不利益を受けるだけではない。とりあえずの差別はおさえられても、解放もない。ふたたび見えたときには差別をもろにこうむります。

隠すよりも、いつも見えていることの大事に思いいたる必要があります。いつもテレビに出ているのがいいのです。在日朝鮮人の十倍以上はいる部落民がドラマにちっとも顕われないのはおかしくないですか。歴史の番組で穢多も非人も乞胸《ごうむね》も

乞胸

江戸時代の辻芸人。こじきが黙って金銭を乞うところを、かれらは辻芸を見せて人を集めた。そのため非人の乞食と縄張りをめぐって衝突したりした。

取りあげられないのはなぜなのでしょうか。見えなくなることは、差別のあらたな発生をも意味します。マスメディアにもっと部落民を取りあげさせなければなりません。それも、人権週間の「特集」という、それ自体が差別的なあつかいではなく、常住《じょうじゅう》、出てこないといけません。ニュースにもクイズにもドラマにも出てくる。アメリカ映画で白人にまじって黒人が出てきて、「コーヒーはブラックか」とひやかされ、「もちろん」とこたえて、肌の色をジョークにする。そのようにオープンにならないとこまります。

　メディアにいわせれば、部落の組織からクレームがくるのがわずらわしいからやりたくない。担当者はサラリーマンですから、そのようなトラブルにまきこまれるのをひどくおそれます。出版界でも似ていて、部落の本を出す会社と絶対出さない会社は歴然とわかれています。出さない会社へ入った編集者ははじめから企画しようとはしません。

　しかし、考えてみてください。部落民がいるにもかかわらず、いないようにあつかうのが差別ではないでしょうか。ＮＨＫは部落民からも視聴料を徴収しておきながら、かれらの存在に常時ふれようとしないのは詐欺《さぎ》にちかい。これぞ差別そのものと認識すべきではありませんか。

運動体のほうでも、右のことを判断にいれて、メディアの報道には今後は絶対に介入しない。そのことを宣言すべきです。糾弾権は部落民が獲得してきた武器ですから、これは保持しながらも、もはやネット社会ではタブーがないことを理解し、気にいらなければ、自分たちのメディアで反論する。ネットに書きこんで、相手の誤解を指摘する。そういうふうなスタイルを確立すべきでしょう。ちょうどハンナン事件で「別冊宝島」への反論を出版したようにやればよいわけですから。

隠すことができないネット社会には、それなりにプラスの面もあります。ここは正念場にきたと思います。解放令以降ぐじぐじとしてきたこの問題にけりをつけるときでしょう。黒人にしても女性にしても障害者にしても、「しるし」を隠せない被差別者がおおいのです。なんぞ、部落民だけが隠す必要がありましょうか。

部落の「しるし」は、なんども書きましたように、所在地です。丑松のように出奔して都市に暮らすようになった部落民には、もはや「しるし」はない。監視する市民がいなくなれば、差別されないのです。

部落という集落が当初から問題だったのです。ここを隠さない。つまり、地名の公表が必要なのです。あやふやなリストでは弊害がでるでしょうから、だれかが責任をもってやる。この内容が『地名総鑑』に似てくるでしょうから、差別をこう

糾弾権

被差別者の自己防衛の手段として社会的な承認をえている権利。一九七二年、小松島不当弾圧事件での徳島簡裁判決で「手段方法が相当な程度をこえない限り社会的に承認された行動」という判例がある。その後、糾弾権が濫用された場合、そのリアクションとして部落民への嫌悪が強まることも勘案されて、しだいに少なくなっている。

むる人が出てくる可能性があります。いまなお部落差別はなくなってないのですから、出てきてあたりまえでしょう。その場合は、あらゆる手段を行使して差別者を糾弾します。行政は責任をもって、もういちど差別者を対象にした研修にとりかからなければなりません。教育者は差別事例が身近におこれば、地名公表のせいにはしないで、これまでの同和教育がうわすべりした形式的なものではなかったかと反省すべきです。

プロブレムQ&A

II 近代差別の構造を考える

Q23 「競争」と「差別」のちがいは？

人は競争します。勝者が敗者に優越感を持つのはあたりまえではないでしょうか。「差別」をするのは、この勝者の優越感なのでしょうか？

「競争」と言うと、なにを思いだしますか。運動会ですか、それとも試験勉強ですか。どちらでもよいのですが、ここでは運動会について考えてみましょう。運動会は、保育園や幼稚園でも、人気があります。小学校、中学校、高等学校、大学、そして会社でもやっているところがあります。町内会でも、運動会をするところがあります。

ずいぶんと人気がある「会」です。それとも、人気などなく、むかしから行なわれていたから、惰性《だせい》でいまもやっているだけなのでしょうか。競技の種目もいろいろとあります。マスゲームから徒競走《ときょうそう》まで。

「障害物競走《しょうがいぶつきょうそう》」は、その名が障害者を連想させるというので、ひところ話題になりました。「山あり谷あり競走」といった呼び方になったようですが、しかし、障害者の多くからほんとうに、その名称についてクレームが出たのでしょうか。わたしは「障害物競走」という名でよいと思いますけれど。むしろ語の厳密な意味を考えれば、「障害者」という命名《めいめい》のほうこそがおかしい。こちらをもっと適切な呼称にしたほうがよいのではないでしょうか。

踊りやマスゲームは、運動会の華《はな》でしょう。競技者が協力して、ひとつのハーモニーを生みだします。しかし、やっている人も見ている人も興奮をするのは、一〇〇メートル競走やリレーなどでしょう。走者も必死なら、応援するほうにも、つい力がはいります。

わたしは鈍足《どんそく》ですから、上位入賞など望めませんでしたが、それでも熱心に駆けたものです。七人中六番でも、ノートかエンピツをもらって満足していました。

わたしの子は、わたしより不器用《ぶきよう》なのか、幼稚園の運動会でのことです。カン下駄《げた》競争というのがありました。空き缶を裏返して、はだしで乗ります。缶には長めのひもがついていて、それを手でもってもちあげて缶の下駄を進めるのです。見ていると、息子はまるで歩けません。それはもう親でもあきれるほどです。同時に出発したグループがゴールインしても、まだ一歩か二歩です。つぎのグループがゴールインしても、三歩か四歩です。

もうやめたら、とわたしが子に声をかけようとしたとき、ベテランの先生が子のそばに行き、はげましました。先生がひもを動かして、一歩一歩と進んだのです。

「たいへんだったね」と、あとで言うと、子は、「ちょっと足の裏が缶のフチで痛かった」というだけで、しおれているふうでも恥じているふうでもありませんでした。

競争に負けても、そんなものです。もちろん、人によってくやしさの程度もちがうでしょう。くやしさのあまりジタバタすることもあるでしょう。でも、そういう人は、勝ったときには、人の倍以上もうれしいにちがいありません。

競争して勝利したおりのうれしさ、敗北したおりのくやしさ、それが人生のドラマなのです。勝ったときに優越感にひたるのは当然です。勝利の蜜《みつ》の味を楽しむのです。そして、負けたおりはにがい思いにつつまれ、このつぎには、と自分に言いきかせる。それでいいのです。

運動会を例にとりましたが、競争は、そして、その競争の結果は、差別ではありません。差別とは、競技に参加させてもらえないことです。

ただし、人と競争するのはいやだから、徒競走には参加したくないという子もいます。この子に参加することの意義を説いてきかせるか、この子の意思を尊重して同意するか、それはケースバイケースで対処することになるでしょう。問題は、競技に加わりたいのに加わらしてもらえないことのほうです。

　本人の意思が重要だということです。本人が参加したいと考えているかどうかが大切なのです。これを忘れると、ハンディキャップの問題と差別の問題とを混同することになります。さきにいいましたように、わたしは鈍足です。競走者が、「おまえとかけっこしてもおもしろくない。競走するなら、おまえのスタート地点を前にしてやろう」と、こんなふうにいってくれる場合があります。わたしは、相手の提案の意味がよくわかるので、これを受けいれます。俊足の人がわたしのハンディキャップ（鈍足）にあわせてくれたことになります。これはわたしに対する差別ではありません。わたしは生まれながら、足が遅いというハンディキャップを負っていますが、それが即、差別に結びつくわけではありません。

　同じように、男と女がべつべつにマラソンをすることも問題になりません。小学校で学年ごとに競争するのも、障害児のクラスだけがまとまって競技するのも、その組分けが問題になるまでは差別の問題にはなりません。ある競技を行なう場合に、学年でわけるか、性別で区別するのか、これをクラスファイ（組分け）と呼び

ハンディキャップと差別

　ハンディキャップの語源は、帽子《キャップ》の中の当たりくじを手《ハンドル》で引いた者が罰を受けたゲームからきているといいます。この語で障害者のことを指示したのは意味深長です。自己の意志で障害をもったのではなく、ひとつの偶然からそれが与えられたというわけです。キリスト教の神の概念が背後にうかがえます。

ましょう。どこに線を引いてクラス分けするのがいちばんいいのか。このことは、よく検討されなければなりませんが、それがすぐに差別の問題になるということはありません。

クラスファイの結果、参加できない人が出て、しかもその人から苦情が出てくるまでは差別とはいえません。

しかし、ひとたび参加を希望する人が現われてくると、クラスファイの枠組みが差別を意味してきます。女子高校生たちが高校野球に選手として出場したいと言いだせば、男と女でクラスファイして、男だけが出ている甲子園の大会は、性差別の象徴になります。大相撲の土俵に上がり、男と対戦したいという女性が現われれば、それを排除している相撲協会は差別主義者になります。

加わりたいという個人の意思が重要なのです。

加わりたくない人に参加を求めるのは、たんなる強制です。お節介《せっかい》にすぎません。加わりたいといっているのに、仲間に入れない。これが問題なのです。差別とは、競技に参加したいといっている人を入れないことです。

アメリカ合衆国やイギリスには、白人の男性しか入れないバーがありましたが、べつに、だれもおかしいと思いませんでした。黒人の人が、わたしらも入りたいと

クラスファイ（組分け）

オリンピックの種目などを考えるとわかりやすいでしょう。「スポーツ」と一言でいわれるものが多種多様に組み分けされ、それぞれの分野で競技が行われます。どのように分けるか（分節化）は、その時代の文化によって決まります。つまり参加者の合意が必要です。大会ごとの種目の変化は、人々の考えの動きを示しています。

いいだすまでは、なんでもないのです。黒人が肌の色のちがいだけで排除されているのはおかしいと気づき、入れてくれるように要求をする。そのとき初めて差別が生じるのです。女の人からわたしもパブで一杯飲みたいのにどうして入れないのかと問われて、性差別があったとわかるのです。

差別の問題には、被差別者の声が基本にあります。

Q 24 「美女コンテスト」は差別なのですか?

身体的な優劣、精神的な優劣があるのは避けられません。「美女コンテスト」が差別だというのは、いいがかりではないでしょうか?

「美女コンテスト」は女性差別ではないか、という抗議の声があがったことがあります。いまでも同じ主張がつづけられているのかもしれません。「美女コンテスト」と書いて、「美人コンテスト」と言わなかったのは、「美人」という言葉には男がふくまれることがあるからです。ここで問題なのは、あくまでも女性のコンテストで、あの「ミス何々」というものです。「ミス京都」とか、「ミス日本」とか、「ミスワールド」といったものです。

このコンテストが差別かどうかを知るためには、幾層《いくそう》にもわたる問題を考えていかなければなりません。この催しに初めて抗議した人は、どこかの国の女性でしょう。たぶん、ステージに並ばされて、主として男の審査員によって、優劣を比べられている同性の姿を、なげかわしく思ったのでしょう。出場者たちは衣装を着替えさせられたり、水着姿にもなります。身長、体重はもちろん、バストがどのくらいで、ウエストがいくらで、ヒップがどうかまで調べられます。これではまるでブタやウシの品評会と同じではないですか。

女性をモノとしてあつかっている、女性の人間性は無視されていると思ったのでしょう。主催者は、出場者の精神性も重視しているといっていますが、究極的《きゅうきょくてき》には、顔の美醜《びしゅう》であり、プロポーションの良し悪しが決め手になるのです。出場者は、外形を競い合うことになるのです。

競争することが差別とは関係のないことは、Q23で解決したことです。参加を希望するすべての人が応募《おうぼ》できればそれでよいのです。「全世界ミスコンテスト」などといいながら黒人の出場を禁じたりすれば、あるいは「ミス日本」のコンテストに、日本に在住しているにもかかわらず参加できなかったりすれば、黒人差別や民族差別になるのです。スタートラインに、希望者が並ぶことができるなら、競争そのものは問題になりません。

「ミスコンテスト」が独身女性であることの価値を強調しすぎている、という指摘にはうなずけるものがあります。「美女くらべ」に参加したい既婚者《きこんしゃ》があらわれたとき、参加者の資格が再検討される必要がでてきます。「ミス」と「ミセス」でわけるのか、それとも、「ミズ・コン」にするのか。クラスファイの問題が浮上してきます。

つぎに考えなければならないのは、精神性よりも外形を審査のポイントにするのが、いいのか悪いのかということです。

「人を外形で判断してはいけません」といわれたことはありませんか。「人を着ているもので判断してはいけません」というのも同じでしょう。これらの言葉はふたつのことを教えてくれます。ひとつは、人は外形で相手を判断することが多いということです。ふたつめは、外形よりも精神性が大切だということです。

しかし、ほんとうに外形よりも精神性が評価されるべきものなのでしょうか。身体的な優劣よりも、精神的な優劣が上位におかれるべきなのでしょうか。

第二次大戦までは、「すえは博士か大将か」というのが、日本の立身出世のゴールでした。戦争が逼迫《ひっぱく》してくると、だんだん大将の比重が高くなりましたが、アタマとカラダは、まずまずつりあっていました。アタマのよい子は博士をめざし、カラダのりっぱな子は大将をめざせばよかったのです。しかし、戦後は、「平和憲法」のもとで、大将の値段はゼロに近くなり、代わって頭脳ばかりが社会的に幅を利かす時代がきました。学歴が、戦前にもまして、人びとの処遇《しょぐう》に影響をおよぼすよう

ミズ
男は既婚であれ、独身であれ「ミスター」と呼ぶのに、女性が「ミス」と「ミセス」の区別されるのはおかしい。アメリカのウィメンズ・リブは、「ミズ」という造語で両者を区別することなく呼ぶよう主張した。

になります。ランクが上位の学校を卒業したものは、いくつになっても、そのことを鼻にかけています。これは、男も女も同じです。

一方、カラダのほうはスポーツを通してしか誇示できないようです。

このようなアタマ中心社会にどっぷりとつかっている人から見れば、肉体ばかりを競いあう「美女コンテスト」は、ブタかウシの品評会に見えるかもしれません。しかし、アタマだけを偏重《へんちょう》する社会にあって、肉体を誇ることのできなかった人たちの鬱屈《うっくつ》を忘れてはならないでしょう。

そもそも、どうしてカラダがアタマより下位におかれなければならないのでしょう。人間をアタマとカラダのふたつの概念にわけたにすぎないのですから、両者は対等でなければなりません。つまり、大学の試験を受けるのと、美女コンテストに出ることに価値の上下はありません。日本一の成績を取ることと、ミス日本になることは同じようなものです。

そういう意味では、のど自慢はいい例です。声はアタマとカラダの中間にあります。とくに歌の名手ともなれば、恵まれた声帯や肺が必要でしょうし、そのカラダを統御《とうぎょ》しながら感情をうまく表現していくアタマもいるでしょう。

このように考えるなら、「美女コンテスト」で美貌《びぼう》とプロポーションを人と競い合うのは、なんの問題もありません。彼女たちが栄冠《えいかん》を得るために涙ぐましい努力をしているのをわすれてはなりません。ミス何々にも拍手を送ってよいのです。

もちろん、「美女コンテスト」が美女の基準を作ってしまうことに、気をつける必要はあるでしょう。背が高くて、ほっそりとしていて、目が大きめ、鼻が低くなく、唇のかたち、歯ならび、胸と腰のバランス、歩きかた等々を示して、美女の手本を提供します。審査員に男性が多ければ、現代の男がもっともよろこぶ女のかたちが描かれてしまうことになるでしょう。ひとたびできあがった美女のイメージはひとり歩きします。その基準にあわない女性にコンプレックスを植えつけることになるかもしれません。

いまの社会は、あらゆる文化が性差をふくみこんでいます。その性差はとうぜん男性中心のものです。男がこうあってほしいと願う美女像は、女性をこれまでどおりに、男性の下位におくことになるでしょう。この点では、「美女コンテスト」は、性差の再生産につながります。この弊害《へいがい》をさけるためには、審査員に男性ではなくて、男意識にこりかたまっていない女性をふやすのもよいでしょう。

性差
男女における身体や能力を測定比較して、その差をいう。

性差別
法制度のみならず、社会の文化に含まれている男女の格差の固定した評価が差別になった。女性の基本的人権が確立してくるのはずっとおそく、日本の女性の参政権は一九四六年（昭和二十一年）になる。国連が「性差別撤廃条約」を定めたのは一九七九年（昭和五十四年）である。

Q25 本当に「職業に貴賤はない」のですか？

どんな社会にも、きたない仕事ときれいな仕事はあると思います。社会的な弱者にきたない仕事が押しつけられるのは差別ではないのですか？

「美女コンテスト」は美しさを競い合うショーで、彼女たちが、それを職業にしているわけではありません。ここで入選して、ファッション関係のモデルなどの仕事につく人は多いのでしょう。女優になったり、歌手の道に進んだり、タレントやコンパニオンなど、その外形の美しさを生かす道に進もうとするのはよくわかります。

「女」であることを強くアピールする職業が選択の対象になるでしょう。

「女」であることを同性にアピールするばかりではなく、もっぱら異性にアピールする仕事はたくさんあります。サービス業とひとまとめに呼んでもいいのですが、料亭でお酌《しゃく》をしているとか、バーのフロアレディーとか、風俗産業など、さまざまです。

もちろんこのような「女」のみが従事できる仕事にも、きびしいランキングがあります。「あんなふうにだけはなりたくないわ」と、ひとつ上のランキングの女性が、下のランキングの女性を見て言っている声が聞こえます。美女コンテストで入選した人のつく仕事は、「女」を強くアピールするものであっても、上位にランキングされるものになるでしょう。

「職業に貴賤《きせん》はない」と言います。しかし、いまの日本では職業のランキングは強く意識されています。いい仕事とよくない仕事があります。きれいな仕事もきたない仕事もあります。どの仕事を選ぶかで、その人の一生は大きく左右されます。人もうらやむ仕事を得て経済的にもめぐまれた生活をするか、意に添《そ》わない仕事を転々と変わりながらカラダまでこわしてしまうのでは、大変なちがいです。

大学の教授などはいいほうの仕事でしょう。その仕事についている人が条件の悪い仕事の人にむけて、「職業に貴賤はない。メゲズにがんばれ」といったところでお笑いでしかないでしょう。

くりかえせば、いまの社会には強固な職業のランクづけがあります。そのランクは年々変化していますが、全体の枠組みにまでおよぶような変わりかたではありません。

職業に貴賤はない

近世の身分制社会は、身分と職業（役）がわかちがたく結びついていましたが、近代はそれを解き放ちます。そのとき、「職業に貴賤はない」と強調されます。いろいろな仕事に人びとを就かす必要もありました。

職業ランキングのヒエラルヒー

たとえば、法人の申告所得順位などが新聞紙上に掲載される。二〇〇四年度の上位から社名を並べれば、トヨタ自動車、日本銀行、東京電力、日生、キャノンといったふうで、これもヒエラルヒーの形成に役立っている。

ＮＥＣがいいのか、ＮＨＫがいいのか、ＩＴ関連がいいのか、それとも自動車がいいのか、それらは、大学生の就職希望のベストテンとしても数値化されます。あるいは、株式市況として、あるいは生産額として、輸出入の量として数値化されます。そうした数字から、わたしたちは、今年度の職業のランキングのヒエラルヒーを頭のうちに描くのです。「職業に貴賤がない」などと、卒業式などで安易にいってもらいたくないものです。どこに就職できたかで、人生の半分はきまってしまったという気分でいるのですから。

ランキングの上位の仕事につくには、ランキングが上位の大学を出ているほうが可能性は高いでしょう。学歴と職業の選択の幅は結びついています。しかし、高い学歴を得るには、小中高の各学校もランクの高いところがいいでしょうし、そこで競争に勝つためには、塾やその他のことでずいぶんとおカネがかかることでしょう。その子の家庭で、親がランキングの高い仕事についている必要があるかもしれません。

フェアな競争が行なわれにくくなっているのは確かです。

以上のことから、日本に新しい上流階級が生まれて、それが世襲されつつあるということは指摘できますが、学歴による階層化は差別ではありません。

ヒエラルヒー
ヒエラルキーとも呼ぶ。上位から下位までのレベルが秩序化されたピラミッド型の組織。各層の順序がランキングを形成する。

差別とは、スタートラインに、並ばしてもらえないことです。

受験を希望しているのにテストを受けさせてもらえなかったり、また、その試験の成績だけで合否を決めてもらえないことです。

もし女性であるということで、成績はいいのにもかかわらず、入社試験でハネられると差別なのです。被差別部落出身であるという理由で落とされたときが差別なのです。人種や国籍の問題がここに入ってくる場合もあります。

わたしは、ある都市銀行に「部落問題」について講演に招かれたことがあります。その銀行では、当然のことですが、採用のおり、当人の本籍はもちろん、家族の職業なども、いっさい問わないそうです。部落差別はしないという強い気持ちが感じられました。講演に出席した人たちは、各支店の中堅、これから中核をになうという人たちでした。三百人もいたと思います。しかしそこにはひとりの女性もいませんでした。

講演会を担当した人は性差別についてわかっていて、会場に入る直前に、わたしに「びっくりしないでください」といわれました。しかし、礼儀正しく熱心な男たちばかりを眺めていると、やはり、おどろかないわけにはいきません。銀行で部落問題について話すなど、二十年前には想像もできなかったことですから、そのこ

機会均等と憲法
↓Q27

とにもおどろいていたのですが、記録係の女性一名をのぞいて、見渡すかぎり、男だけなのです。あの、銀行の各支店の窓口にいっぱいいる女性はどうしたのでしょう。銀行にいる女性は幹部になれないほど無能なのでしょうか。そうとはとうてい思えませんが。

平塚らいちょうによって「青鞜」が創刊されたのは一九一一年ですから、まもなく百年になります。しかし、いまだ性差の問題は、緒《しょ》についたばかりです。景気が悪くなればすぐに女性の就職は狭《せば》められるのですから。もしふたたびキナ臭い社会になれば、その地位はいっそう低くなるでしょう。

入社試験に際して、男は成績中心なのに、女はそうではない、このときが差別なのです。男よりも仕事ができるのに、上級職をあたえられない、このときが差別なのです。同じような仕事をしているのに、男の賃金と格差《かくさ》があるのも差別です。

話をもどせば、職業種別のヒエラルヒーの形成とか、高学歴を得る階層の固定化などの問題は、差別の範疇《はんちゅう》ではなく、社会の権力システムの領域にはいるのです。

健康で体力はあるのに勉強がきらいなため、学歴の低い人もいます。人がふりむくほどかわいいのに、ものをおぼえるのは苦手だという人もいます。経済的に進

平塚らいちょうと「青鞜」

雷鳥、らいてう、とも表記。一八八六年（明治十九年）に東京で生まれ、雑誌「青鞜」を舞台に「新しい女」の出現を訴えた。「元始女性は太陽であった」の主張はよく知られている。

学できなかった人、病気がちで不登校だった人など、学歴偏重のいまの社会で冷や飯を食べさせられる破目《はめ》になった人もいます。つきたい仕事につけないで、多くの人がいやがる、きつい労働に従事することになります。不当なこと、くやしいこと、疲労、病気など、問題はいっぱいあっても、それは差別の問題ではないのです。Q23でいったところの競争なのです。

つまり差別とはちがい、わたしたちは職業のヒエラルヒーから自由になることも可能なのです。自分の職業が、世間から見れば実につまらなく見えても、このわたしにとってはおもしろくて、それが生きがいになる。学歴中心のヒエラルヒーは、覚悟《かくご》さえすれば、いつでも無視できるものだと知るのもいいことです。

一方、差別のほうは、被差別者を逃《に》がしてくれません。差別された人（たとえば女性）が、どのように考え方を変えても、差別から自由になれません。差別は、差別するほう（たとえば男性）の意識の問題がかかわってきますから、被差別者（女性）の心がまえだけでは、どうにもならないのです。

性による差別

厚生労働省の調査による管理職にある女性の比率は二〇〇三年で五・八パーセント弱、賃金格差は二〇〇一年で男の五三パーセント。

Q 26 心理的な差別と社会的な差別はどうちがうのか？

頭で差別はよくないと考えていても、気持ちとしては被差別者を避けたい。そのような心理と差別事象とはどのようにかかわっているのでしょうか？

普通に日常生活を送っていると、わたしたちは「路上生活者《ろじょうせいかつしゃ》」と話すことはまずありません。もうかなり前のことになりますが、その人たちと話してみたいと思って、日比谷公園《ひびやこうえん》や、隅田川河畔《すみだがわかはん》や、山谷《さんや》のほうを歩いたことがあります。投げ込み寺で有名な、吉原ちかくの浄閑寺《じょうかんじ》で会った路上生活者とは、いっしょに酒を飲んでいろいろと話ができました。しかし、アル中の気《け》があったのでしょうか、酔うほどに不機嫌《ふきげん》になり険悪《けんあく》な雰囲気になりました。正直にいって、わたしは彼のことをきたないと思っていますし、向こうではわたしのことをうさんくさく思っているわけです。少々の会話では、おたがいを理解できなかったわけです。

わたしも酒くさいことがしばしばある人間ですから、人のことをいえた義理ではないのですが、浄閑寺の彼もアルコールくさかった。それに体臭《たいしゅう》がいりまじり、

路上生活者

野宿生活者、ホームレスともいう。公園や河畔などに簡便な小屋を作って住む。段ボールを組み立てたものから、しだいにブルーの防水ビニールでかこった小屋へと変化した。自家発電で灯をともし、テレビを見ることも可能だ。雑誌やアルミ缶の廃品の回収などで日銭を得る。コンビニから出る賞味期限が切れたばかりの弁当などが食べ物になる。男性で年配の者が多いが、たまに中高年の女性もいる。ほとんどが独り住まい

濃い空気がこちらに押しよせてくるというふうでした。古い時代だと、人は人の体臭になれていたはずですが、どうも現代の清潔至上《せいけつしじょう》の時代にあっては、においに負けてしまいます。わたしは、彼と話したいと思っているのですが、心理的には忌避《きひ》したいと逃げ腰だったと思います。

この避けたいと思う気持ちを「心理的な差別」と呼んでもいいのですが、忌避は差別ではありません。避けたいという心理が働くのは、相手がきたなくてくさい場合だけではなく、相手がいまをときめく成功者でも、劣等感を味わいたくないためにそっと席をはずすことがあります。英語で話しかけられるのがいやで、アメリカ人を避けることだってあります。つまり、忌避の気持ちは、「心理的な感情」であって、「心理的な差別」ではない。もっとはっきりといっておけば、差別は心理の問題ではありません。

避けたいという「心理的な感情」が、路上生活者差別や、人種差別を支える土台になることはあっても、それだけにすぎません。わたしたちがここで考えている「近代差別」は、心理学の領域にはなくて、あくまで社会学の領域の問題なのです。差別は、個々人の心理に還元《かんげん》される問題ではなく、社会に存在する価値の規範《きはん》なのです。話の行きがかり上、路上生活者を例にとって、そのことを説明しましょう。

である。

江戸時代の非人が維新後にスラムを形成したころは、まだ家庭がありました。夫婦と子たちが貧民窟の長屋にあふれていた。それがしだいに男ばかりになり、簡易宿泊所に寝泊まりしていたのが、さらにホームレスといわれる今日は、ひとりひとりがばらばらにビニールシートの小屋に住む。子どもは皆無。

路上生活者が差別されるのは、結論からいえば、彼らが制度上の家庭を持たないからです。そのことは、一般市民のほうの価値規範に、家庭を持つのを当然とする考え方があるからです。「ホームレス」という彼らにあたえられた新しい表現は、的確に彼らが差別される理由を指し示しています。アメリカから輸入した言葉でしょうが、正鵠《せいこく》を突いた「差別語」です。

家を維持《いじ》していくわずらわしさに耐えられない人もいるはずですが、家や家庭を持ちたいのに持てないことがあります。会社都合《つごう》でクビになったり、病気で働けなくて収入がなくなることもあります。会社の倒産とともに社宅からも出て行かなければならない場合もあります。ローンや家賃が支払えなくなることもあります。追いつめられて独りになって、どこに住むのかとなると、公道や公園しかないではありませんか。

「あつかましく公道を占拠しておいて」と、通りすぎるサラリーマンがいっていましたが、公道や公園のほかは私有地しかないのです。「無主《むしゅ》の土地」が、いまの日本のどこにありましょう。

江戸時代にも、路上生活者はいました。この時代は、身分制度によって土地と職業（役）にしばりつけられている社会ですが、いよいよ食べていけなくなると、人々は法をこえます。移動の許可がえられなくても、村をすてて江戸という都市に逃げこみます。そして、路上生活者になります。このころは大都市にも、まだ無主の土地はありました。彼らは、川べりのナダレ地や、干上《ひあ》がった沼地などに、草や枝や竹で簡素な小屋を造って住みついたのです。

その人たちのことを、江戸の市民は、「野非人《のびにん》」と呼びました。町奉行《まちぶぎょう》公認の制度化された「抱非人《かかえひにん》」と区別したのです。かれらのおおくは水呑百姓《みずのみびゃくしょう》でした。ちょっとした飢饉《ききん》でも打撃をうけ、村では立ち行かなくなり、江戸へ逃げてきた。背景には、都市と在方《いなか》の格差が大きくなったこと、参勤交代《さんきんこうたい》などで都市の情報が農村にまで早くつたわるようになったこと、寺請制度《てらうけせいど》がゆらいできたことなどであります。

おどろいたのは町奉行のほうでした。当時の政事《まつりごと》（政治）は、役人の数もすくなく、あまり細かいことには口をはさまないというふうでしたが、町にあふれた野非人を、ついには放っておけなくなります。「治安の悪化」をおそれて、町奉行は、「刈《か》り込《こ》み」を命じます。

命じられたのが、「抱非人」であり、その上部機関である弾左衛門でした。野非人を片《かた》っ端《ぱし》からとらえて、江戸のそと、つまり、朱引外《しゅびきがい》に追放します。しかし、い

野非人・抱非人
→六八頁。

寺請制度
江戸時代に、キリスト教徒ではないことを寺院に証明させた制度。寺院は、壇家《だんか》のすべての人を掌握し、「戸籍取扱い」を行なった。

弾左衛門
→一二九頁。

なかでは食べて行けないから都市に逃げてきたのです。追い払ってもまたもどってきます。十三代目の弾左衛門《だんさえもん》はそのことで町奉行に、石川島の人足寄場《にんそくよせば》のようなものを、もうひとつ造るように進言しています。その作業所で、ぞうり作りなどの「役」をあたえてはどうかというものです。その結果、十年ほどの短い期間ですが、賤民層の無宿者を収容する非人寄場《ひにんよせば》が作られました。

農民という役からはずれたものを、もう一度ちがう役に押しこんで、制度的にアウトローをなくそうというわけです。身分制社会ではそれしか方法はないのかもしれませんし、そのような方策で彼らを救済しようとしたのは評価されてもいいでしょう。一方、今日の路上生活者は、住所や職業を失っているからといって、それだけで制度的にはみだしているとはいえません。仕事をもとめている路上生活者には行政は便宜《べんぎ》をはからなければなりません。体をいためている人には病院に行けるようにしなければなりません。もちろん、仕事をしたがらない人にそれを強制する権限はありませんが。

法を盾にとって強制排除するのは、江戸幕府の「刈り込み」と同じです。公道とか河原にしか住む場所がないのですから、追い払ってもまたちがう公道とか河原にブルーのテントを張ります。路上に住みたい人、住まざるをえない人がいるとい

朱引
江戸の範囲を地図上に朱色で示したことからこの名ができた。御府内《ごふない》に同じ。

人足寄場
「鬼平《おにへい》」こと長谷川平蔵の進言で一九七九年（寛政二年）に隅田川河口の石川島にできた。無宿者を収容し授産を講じた。吉原うらに非人たちの寄場ができたのは、一八四三年（天保十四年）である。

うことを認めるほかはないのです。そのうえで、働きたい人には仕事を、体調をくずしている人は病院に入れるようにする。路上で腹をすかせ、熱が出て、雨のしずくにぬれてうずくまる人には援助が必要です。厳寒期には毎夜、凍死者《とうししゃ》をだしながら、こちらは闇から闇にほうむっておいて、一方、北朝鮮の路上生活者の困窮《こんきゅう》を嘲笑《ちょうしょう》的に報道するのはいかがなものでしょう。

それにしても、江戸の社会では、「野非人」をつかまえて「抱え非人」にするという対策が講じられています。「こじき」の面倒は「こじき」に見させるという施策で、それが「非人制度」のもとになります。「非人」などという、おかしな制度が江戸にはあったのかと、初めのうちはそんなふうに考えていましたが、やがて、こまかいことまでわかると、この制度がなかなかにすぐれた救済策だとわかってきました。こんにちの無策と照らし合わせれば、封建制身分社会をいちがいにわるくいうわけにはいきません。

Q27 差別は憲法に違反しているのですか?

日本国憲法は差別を否定していますか? 法律による禁止と社会の規範の関係はどうなっているのか。現実のほうがずっとおくれていませんか?

差別をおこすのは、一般市民が共有している文化の問題であって、制度の問題ではない。制度のあり方を定めた法律の問題でもない。そんなことを考えてきました。

しかし、ここからさきが複雑なのですが、文化の問題は、制度や法律に反映されています。文化のある一面は、制度としてあらわれています。法律を見ることで、その国の基本的なあり方を知ることができます。

差別は文化の問題なのですが、法律に書きとめられることもあります。日本国憲法は、ある種の差別については文章化をしています。

まず、第一四条に「法の下の平等」の項があります。「人種、信条、性別、社会的身分又は門地により、政治的、経済的又は社会的関係において、差別されない」

第十四条【法の下の平等、貴族制度の否認、栄典の限界】

1　すべて国民は、法の下に平等であつて、人種、信条、性別、社会的身分又は門地により、政治的、経済的又は社会的関係において、差別されない。

2　華族その他の貴族の制度は、これを認めない。

3　栄誉、勲章その他の栄典の授与は、いかなる特権も伴はない。栄典の授与は、現にこれを有し、又は将来これを受けるものの一代にという有名な文がここへ入っています。また、第二四条に、「両性の平等」という項があります。これは男女のあいだで差別があってはならないということです。
結婚や財産相続や住居を選ぶ場合にさいして、夫婦の意見は対等に尊重されなければならない、というふうに記してあります。このような条項が憲法に書きとめられなければならないということは、結婚や財産相続や住居選定のおりに、以前は男の意見だけでことがすすめられていたのを意味しています。女の人の意思や希望はきいてもらえなかったのです。一九四七年五月三日にこの憲法が施行されたころの日本国は、「男尊女卑」の社会でしかなかったことを、この「両性の平等」の一条は証言しているわけです。

半世紀以上たった今日ではどうなのでしょうか。「家庭生活における個人の尊厳と両性の平等」という第二四条は、もう不要の一条になっているのでしょうか。

またこの法律の条項が、「家庭生活における個人の尊厳と両性の平等」であって、「社会生活における個人の尊厳と両性の平等」ではないところにも注意をしてください。この憲法をつくった人の頭のなかは、女の人が家庭のそとに出て男と平等に働くという考えが、まだなかったことを意味しています。「家庭生活」での男女の平等は声高くうたっても、「社会生活」での平等の必要には気がついていないので

限り、その効力を有する。

第二十四条【家族生活における個人の尊厳と両性の平等】

1　婚姻は、両性の合意のみに基いて成立し、夫婦が同等の権利を有することを基本として、相互の協力により、維持されなければならない。

2　配偶者の選択、財産権、相続、住居の選定、離婚並びに婚姻及び家族に関するその他の事項に関しては、法律は、個人の尊厳と両性の本質的平等に立脚して制定されなければならない。

す。

第一四条は性差について、その「社会的な関係で差別されない」とありますが、すべての女性の労働に際しての差別に関しては、四十年後の、「男女雇用機会均等法」の制定までまたなければならなかったのです。

「男女雇用機会均等法」は、女性の就職に際して、募集、採用から定年にいたるまでの全ステージにおいて、男と均等な機会があたえられなければならないことを命じています。しかし、この法律ができても、それが守られるかどうかはべつのことです。女子には会社案内を送ってもらえなかったり、採用試験も男女別々であったりします。女子が同じスタートラインに立ちたいと強くもとめているにもかかわらず、それを認めないというのは、きびしい男女差別が日本の社会に強固にあるということです。日本の企業は、性差別主義者でいっぱいだということです。

日本国憲法は、「社会生活」における両性の平等についには遅れをとりましたが、「基本的人権」には、わざわざ一条を設けています。長い文章だし悪文なので、引用はしたくないのですが、話の展開上、ここに写しておきましょう。

「第六七条　基本的人権の本質
この憲法が日本国民に保障する基本的人権は、人類の多年にわたる自由獲得の

男女雇用機会均等法
一九八六年（昭和五十一年）から施行。

基本的人権
ブルジョア革命の基本をなした考えで、日本国憲法にももちこまれた。人は、生まれながら自由にして平等であるという。

努力の成果であって、これらの権利は、過去幾多の試練に耐え、現在及び将来の国民に対し、侵すことのできない永久の権利として信託されたものである」

変な文章です。「この憲法が日本国民に保障する基本的人権」といったいい方は、これを書いた人が日本人ではないかのようです。「この憲法が保障する基本的人権」と書けばいいところです。また、最後に、この権利が日本「国民」に信託されたとありますが、だれが信託したのか書いてありません。おかしな文章です。キリスト教の神でしょうか、アメリカの占領軍が、日本人を信用して委託するというのでしょうか。

だれが書いたのかはともかく、この憲法の文脈を支えているのは、「自由」の概念です。そして、「自由」の概念は、これを書いた人には絶対の価値をもっていたようです。「人類の多年にわたる自由獲得の努力の成果」というわけです。しかしこの筆者は、自由の概念も、フランス革命後に、欧米キリスト教社会に広まった概念にすぎないということが、よくわかっていません。わかっていたら、こんなにおしつけがましい文章にならないはずです。

日本国憲法は、その大部分の条項において、「自由」「平等」「友愛」という、近代西欧社会の理想とするカテゴリーを基本においています。さきの「家庭生活における個人の尊厳と両性の平等」という主張もまた、その延長線上にあります。

差別もまた、「平等」の概念が信奉される社会で初めて「政治的な意味」をおびてくるのですから、日本国憲法は、差別を禁止する構造を持っていると断定していいわけです。明治維新に際して、福沢諭吉《ふくざわゆきち》や中江兆民《なかえちょうみん》が主張してやまなかった「平等」の概念は、新憲法のうちにいっそう明確に書きとめられたのです。

その結果、差別は文化の問題なのですが、たまたま日本の場合は、憲法条文とかさなりあうことになりました。そのため、ある種の差別は憲法違反になります。しかしまた、憲法のうちには、「自由」「平等」「友愛」の概念とはほど遠い条文もあります。発布時の政治的な要請がそのまま書きこまれています。第一章の天皇に関する八つの条項がいちばん顕著に政治的なのは、わざわざここで指摘するまでもないでしょう。

第一章を、第二章「戦争の放棄」以降の文脈とくらべると、水と油です。よくもこんなに矛盾し対立する概念をひとつの法律のなかに入れたものだと思います。天皇はこの憲法では日本国の「象徴」でありながら、当人の基本的人権はまったく考慮されていません。もっともお手本になる位置をあたえておいて、人権がない。

このことから、「天皇も差別されている」というふうに浅田彰がいいましたが、ここは正確に、天皇自身がみんなと同じように選挙をしたい、税金も支払いたいというふうに意志したならば、そのときから被差別者になるといわなければならないでしょう。天皇がいまのまま、さまざまな特権を享受して、それで満足しているならば、彼は日本の支配者の一員であって、けっして被差別の存在ではないのです。

ただ、憲法では、天皇が政治的な支配者でありながらも、同時にその存在を文化の問題としてとらえていたようです。天皇の地位を規定した第一条で、「この地位は、主権の存する日本国民の総意に基づく」とあるからです。これは、国民が天皇はいらないといえば、いつでも天皇制は廃止になるという意味なのです。「日本国民の総意」が変化したならば、この憲法を改正することで、天皇制は終止符を打たれるのです。この「国民の総意」というのは、文化そのものの内容のことです。

話を差別にもどしましょう。男女差別については、第一四条、第二四条で一応言及されているのをみました。部落差別については、一四条が大きくつつみこんで、「社会的身分又は門地」という表現で禁止しています。

もちろん、部落民は一八七一年（明治四年）にすでに制度的には「解放」されています。にもかかわらず、新憲法が再度つつみこむかたちで言及しなければならなかったのは、その人たちが、いつまでも差別されつづけているからです。明治維新

門地

家柄のこと。

制度的には「解放」

「解放令」で明治政府が「穢多・非人等」の廃止令を命じたのに、それが残ってしまった。つまり、ずっと「部落」は法律に違反して存在しているわけです。

以降に形成された日本の文化のうちに、これらの人たちを執拗に差別しようとするものがあったために、「解放令」という法で禁止しても、それは守られなかったのです。法制上すでになくなったものを、法に違反していつまでも存在させようとする意思が、維新後の文化のうちにふくまれていたのです。

新憲法でも同じで、第一四条で、性差や門地による差別が禁止されたにもかかわらず、六十年以上たっても、平気で日常的に性差や門地で差別して、「憲法違反」をしているわけです。わたしがくりかえし、差別は法制度の問題というよりは、文化規範の問題だというのは、このためなのです。法で禁止しただけではなくならないのです。

Q28 維新の変革期になにがおきたのですか？

明治維新はイデオロギー先行型の革命で、農民はなにもわからないまま、ある日、食ってはいけない牛肉を食えといわれました。農民の怒りがわかりますか？

歴史を考えるとき、ひとつながりの時間をどのように区切って考えるかは、ひとつの歴史観を表明することになります。

奈良時代、平安時代、鎌倉時代というふうにわける場合は、どの土地で、どういう階層の人が政権をにぎっていたかということが重要だ、という歴史観に基づくものです。いまの日本でもっとも広められている歴史観です。

さきに述べた被差別民、とくに穢多身分について考えようとするなら、この政権交代による区切りとはちがう区切り方をしてみるのが、わかりやすいかもしれません。たとえば、「牛馬の肉を食べているか、それとも禁止されているか」で歴史の時間を区切るのです。おおむかし（これを「上代」と呼びましょうか）、「上代《じょうだい》」では、牛馬食は平気でおこなわれていました。肉を食用にし、その皮から衣服や沓《くつ》や武具《ぶぐ》馬具《ばぐ》を作りました。生《い》け贄《にえ》として神に供《そな》えました。

牛馬を殺して食べることが禁じられて時代はかわります。その年代をいつとするのがいいのか。六四六年の三月、孝徳天皇《こうとくてんのう》の詔勅《しょうちょく》として、「諸国の百姓農月《のうづき》に酒を飲み肉を食すことを禁ず」というのがあります。大化の改新のときです。農月という言葉は、いまでは広辞苑にも出てこない言葉になりましたが、立夏《りっか》後の農事のいそがしい時期をいいます。太陽暦で言えば五月五日ごろからでしょうか。

この禁令で注意しておきたいのは、宗教的な意味あいが文面にないということです。「酒を飲み肉を食す」というふうに、「酒」と「肉」が平等に並べられ、なにも肉食が仏教の教えに反するというふうにはなってないことです。農作業がいちばんいそがしいときに、パーティーばっかりひらいていてはいけないというものです。農民がサボって働かないと収穫が減る。すると国庫に入ってくる「租《そ》」も少なくなるのではないかと心配しているだけです。

百年後の七四一年、聖武《しょうむ》天皇のころになると、「馬牛《ばぎゅう》は人に代わって勤労して人を養う、屠殺《とさつ》することを許さず」といっそうはっきりとします。生産手段にして運搬手段だから食ってはならない。馬や牛をだいじにしろというのです。農業生産性向上の要請と、仏教の殺生《せっしょう》思想とがうまくあわさっています。この後、しだいに殺

孝徳天皇

皇居を飛鳥より難波《なにわ》に移す。大化の改新により六四五年に即位。

聖武天皇

七二四年に即位。国分寺・国文尼寺を全国に建て、奈良の大仏を作った。

生・肉食を忌む思想が社会に形成されてきます。

　この馬牛食《ばぎゅうしょく》を禁じた期間はずいぶんと長くつづきます。その何百年間のうちに、日本人のほとんどが、牛肉のうまさを忘れ、これを食べると地獄におちる、神罰《しんばつ》がくだると信じるまでになったのです。牛馬を殺さないばかりか、その所有する牛馬が死んだ場合は、いそいで、「馬《うま》（牛《うし》）捨場《すてば》」に運んだのです。自分の馬でも勝手に埋葬《まいそう》するのは、皮革を確保する必要から禁じられました。「馬捨場」に運び、あとは穢多身分の人にゆだねたのです。この期間を「中代」とでも呼びましょうか。鎖国して東南アジアからの皮革の輸入がストップしましたので、この制度は緻密《ちみつ》なネットワークを形成します。

　そのあと「近代」になります。生きた牛馬から直接に革を作ってもよいことになります。肉を食べてもよいことになります。いや、むしろ、できたばかりの明治政府は、肉食を懸命《けんめい》に人々に薦《すす》めたのです。牛肉は「養生物《ようじょうぶつ》」で、「血力《けつりょく》」を強壮《きょうそう》にするから食べなければならない。それなのに、「固陋因習《ころういんしゅう》の弊《へい》」に染まっている文化の程度の低い「輩《やから》」は肉を避けている。政府の主意を守ろうとしないことである、といった布達《ふたつ》が出されています。富国強兵はなにも軍備だけでなく、兵隊の体力までを視野にいれていたのです。

天皇が洋服を着て、革靴を履き、牛鍋《ぎゅうなべ》を食べてみせる。このような牛馬に関する文化の一八〇度の転換があって、そのうえで、「解放令」が出されたのです。

急激な欧化政策で入ってくる欧米の品物は、それまでの日本式の製革《せいかく》ではつくれませんでした。西洋太鼓の革は、日本の太鼓と革がちがいます。西洋靴の革もそうです。しばらくは、もっぱらフランスなどから製品の輸入に頼ることになります。やがて日本にも、「殖産興業《しょくさんこうぎょう》」のスローガンのもとで、製革工場《せいかくこうば》がいくつも作られます。牧場《ぼくじょう》もあちこちにできます。「死牛馬」という原材の調達法は廃止になり、生きた牛馬からつくればいいことになります。穢多身分の人の「役」はおわったのです。皮革生産の面からみても、「解放令」は、出されるべくして出されたのだと考えなければならないでしょう。

維新以降、武士はしばらくは「士分《しぶん》」だといってメンツをつくろっていましたが、いまでは完全に消滅しています。「非人《ひにん》」のほとんどが消失したのに、なぜ「穢多」身分につながる人たちだけがいまなお「被差別部落」として賤視《せんし》を受けるのでしょう。

変革期の明治維新以降の文化のなかに、その理由をさぐるのが自然でしょう。たまたま頑迷《がんめい》な連中が差別をしているのではなく、現代日本文化そのもののなかに部

非人の消滅

解放令以降、市中に点在していた非人小屋はなくなり、彼らの多くがスラムに流れ込んだ。東京では「こじき禁止令」が出て、これが非人消滅に拍車をかけた。病気の者は養育所へ入れられ、彼らの面倒を元の非人が看た。

落差別が構造的にふくまれているとするべきです。

部落差別残存の理由のひとつは、新政府の農民無視の姿勢にあったと考えられます。その政策遂行の性急さこそが問題です。明治維新は理念先行型の革命でした。つまりイデオロギーに領導《りょうどう》された革命でした。中心になった「下級武士」は、欧米に範をとった資本主義社会を日本に導入するのにあせっていました。

維新からの十年は、それこそ、いまからふりかえってみれば、よくもここまでの社会変化を強行できたものだとおどろくばかりです。廃仏毀釈《はいぶつきしゃく》、廃藩置県《はいはんちけん》、武士階級の廃止、土地の売買の自由化、学校制、徴兵制、西洋暦の採用、「両」から「円」へなど、また「ヘアスタイル」や服装まで、生活に密着したことがらがどんどんと変わっていきます。

前述したように、牛馬肉食禁止から奨励へ、という驚天動地《ぎょうてんどうち》の変換もそこにふくまれます。きのうまで、牛馬の肉を食べてはいけなかったのが、きょうからは食べろ食べろです。牛乳も飲め、チーズも食えです。「牛馬の肉を食べると神罰があたる」という教えは、なんと迷信だというのです。

ひとつの文化のパラダイムが、もうひとつのパラダイムに移るドラスティックなまでの規範の組み換えです。しかし農民にはそんなことはわかりません。政策の

廃仏毀釈

神仏分離令（一八六八年）以降、神道家が中心になって各地の寺院を破壊した。幕藩時代の寺の影響をそぐのも目的だった。この動きの中で、仏教イデオロギーによって支えられていた「こじき」「非人」はその存在理由を失った。

意味を知っているのは、ひとにぎりの政府高官だけです。かれらは近代化の政策の意味を、日本の八五パーセントといわれる農民にちゃんと説明しなければならなかったのです。いまの言葉でいう「説明責任」があったのです。しかし、維新直後のころ、政策立案者から全国の人民へ伝達する経路はあちこちでとぎれていました。かつては幕閣《ばっかく》から各藩の大名につたえられたのですが、このルートも、政府みずからが廃藩置県でこわしています。全国的な新聞もまだない。学校もまだない。各地の役所すら、じゅうぶんに機能していません。農民は、地主と小作などで知識のちがいはあるものの、基本的には闇夜《やみよ》に放置されたのです。

新政府の政府高官は、資本主義社会においては、大衆が文化形成に強い影響をおよぼすことにまだ気がついていなかったのです。社会の圧倒的な多数をしめる農民が、やがて明治近代の文化をになう重要なファクターになることに思いをはせることができなかったのです。

Q29 文明開化の強行で部落の運命は？

西欧化に困惑させられた農民たちは、部落の「解放令」をどのように受けとめたのでしょうか。維新後の三大敵への報復はだれにむけられたのでしょう。

明治維新後十数年間の農民の絶望感を、これまでの歴史学者はかるく見すぎていました。新政府側がつぎつぎと断行する施策の叙述に追われ、それらに対する農民側のリアクションを、かるくスケッチするにとどめたのかもしれません。

実際、時間がたってみれば、維新直後の農民の不満は、地主制と天皇制のうちに吸収され、やがて小作争議などを経てガス抜きがおこなわれたとみることができます。新暦への抵抗を、農民は「旧暦《きゅうれき》」を併用することで二十世紀中頃までつづけます。農村では「旧正月」や「旧盆《きゅうぼん》」のほうに熱心でした。そのほうが農作業のリズムによくあっていたといわれますが、習慣とないまぜになった意固地《いこぢ》さをそこに見たほうがいいでしょう。一方、徴兵制や学校制には、個人的な反発はながくのこっていても、権力の側の有無をいわせない強制に屈服させられてしまいます。

小作争議
小作料や農地の耕作権をめぐる紛争。明治末から各地で続発、昭和十二年頃までつづいた。農民は小作組合を結成して、地主や官憲と鋭く対立した。

明治以降の日本の文化は、政府の方針である欧化《おうか》への強制と、それへの復古派《ふっこは》知識層の反発が織りこまれてすすんで行くと思われていましたが、実際は、官僚層と農民層のせめぎあいによってつくられたのです。この両者のせめぎあいは、工業対農業、都市対農村、中央対地方というように対立軸を移しながら、ずっとこんにちまでつづいています。

両者の対立の最初のはげしいあらわれは、「解放令反対一揆」と呼ばれて知られています。すでに述べたように、一八七一年の八月に、明治政府は解放令を発します。「穢多非人等」の身分を廃止して、かれらがどこへ行き、どのような仕事をしてもいいとしました。江戸時代の「役《やく》」から解放しました。制度としての身分を廃止したのです

このあと数年にわたり、関西から九州にかけて、農民の一揆が起こります。新政府は、できたばかりの「徴兵制」による軍隊を出動させて鎮圧《ちんあつ》します。農民出身の兵でもって、皮肉にも農民をおさえることに成功したのです。

この一揆は、農民と穢多身分との口論などがきっかけになったために、「解放令反対一揆」と呼ばれるのですが、その実態として、農民はなにも解放令だけに反対しているのではないということです。一揆に立ちあがったかれらは、学校関係者の

解放令反対一揆
一八七一年（明治四年）八月に出た「解放令」への不満が直接の契機になった農民一揆。広く近代化（文明開化）への不満が根底にある。その最初の一揆は、同年十月十三日に姫路県（兵庫県）で起こり、五〇〇〇人ほどの農民や浪人が庄屋・豪農を襲った。翌一八七二年一月に深津県（岡山県）に、ついで中国地方、四国、九州で起こった。

家や政府から派遣されてきた役人の住宅を打ちこわしながら、県の「お役所」に抗議にむかうのです。二十歳になった二男以下の子を徴兵され、少年少女までも学校にとられては難儀《なんぎ》だと訴えるのです。新政府の急速な欧化政策にたいする不満を述べに行ったのです。外国人ばかりを重要視して、国の中心である自分たち農民を軽んじている役人に反省をもとめたのです。

農民には、「解放令」もまた欧化政策の一環に見えたのです。不幸なことに、最初にボタンをかけちがってしまうのです。農民は一揆にさいして、行きがかりの駄《だ》賃《ちん》に、穢多村に火を放ったのです。竹槍で部落の子を刺し殺したり、村の指導者を火あぶりにしようとしたのです。

江戸時代では、農民と穢多身分はその「役《やく》」においてくっきりと分かれていました。穢多身分の者が、その「役」をきらい、農地を切りひらいて農民化する。このように脱賤化《だつせんか》をはかったとしても、おたがいの「役」の本質がかわらないかぎり、農民は平気でした。外見が農民とかわらなくなって区別ができなくなってあわてたのは武士階級のほうでした。そこで、柄《がら》のついた着物を禁じたり、胸にしるしの切れ端をつけるように命じたり、日傘《ひがさ》を禁じたりしたのです。

穢多村のほうが、本村の農民よりも裕福だった場合がしばしばあります。本村

柄物の着物の禁止

禁止令で有名なのが、岡山藩の検約令（一八五六年）で、「エタ」身分は柄物を着るのを禁じられ、「渋《しぶ》染《ぞめ》（柿色）」の衣服を強制された。藩の政策に反対した「エタ」身分が一揆を起こし、ついに藩は撤回した。渋染一揆《しぶぞめいっき》と呼ばれた。

で食えなくなった農民が穢多身分になった例すらあります。江戸時代にあって農民がそのことに平気であったのは、どんなに部落がゆたかであろうと、いい服を着ていようとも、だれとだれが穢多身分であるかがわかっていたからです。道で会えば、穢多身分の者は土下座《どげざ》して農民に頭をさげたからです。かれらがケガレを引き受けているとわかっていたからです。死んだ牛馬の皮を剥《は》ぐという、地獄に落ちる仕事に従事していたからです。

しかし明治新政府は、農民と穢多身分を、解放令でもって同格としました。それればかりか皮革生産の仕事を殖産興業《しょくさんこうぎょう》として一般に奨励《しょうれい》したり、革靴の使用を薦《すす》めたり、ついには牛肉のすきやきまでも宣伝するのです。これでは、穢多身分のほうに農民が同化させられることになります。

農民は立つ瀬がありません。

おまけに、きのうまで、官軍は「攘夷《じょうい》」をいっていたのに、いまや、「夷狄《いてき》」の外国人と仲よくしている。交際しているばかりか、おどろくほどの高給で雇っている。このままでは、この瑞穂《みずほ》の国もめちゃくちゃになるのではないか。情報を遮断された農民はそんなふうに思ったのです。

維新後の農民の「三大敵」は、①新政府役人、②お雇い外国人、③穢多身分（新

殖産興業　明治新政府は国力を強めるために産業の興隆に力をいれた。

攘夷　外国人（外夷）をうちはらうこと。

夷狄　異民族をおとしめていう。

平民）ということになります。この三つの敵をむすぶシンボリックなイメージが牛馬食でした。

農民のリーダーは、このままでは日本がダメになる、農業はほろびるというべきところを、「このままでは、牛馬はみな連中（三大敵）に食われてしまう」といったのです。これは、当時の農民の心にぐさりとくる言葉です。

こういう判断があったからこそ、農民は死を覚悟して一揆に立ちあがったのです。一揆は、何カ所にもわたって起こっています。時期も数年にまたがりばらばらです。階級を失った武士の残党も入りこんでいますが、不平武士の反乱とはちがいます。農民は自分たちの世界観を信じて決起したのです。場所も時期もばらばらだということが、農民の置かれている状況の共通性と運動の自主性とをしめしています。

しかし、一揆は武力制圧されます。

各地でてんでんばらばらに起こった一揆は、おたがいに連帯できなかったためにおしつぶされます。新政府も御用歴史家も、この開化反対の一揆を、時代の流れに逆行するものとして無視しようとします。無知な農民のおこした反動的な一揆だととらえ、その意味を充分に考えようとはしませんでした。しかし、外部からの煽《せん》動《どう》によらないで、農民みずからの判断でおこした一揆の意味を、過小に評価してはなりません。

武力には屈服しましたが、そのことで農民が考えを改めたというわけではありません。怒りはうちにこもったままです。その怨恨《えんこん》がどこにむかうのかは明らかです。新政府は、地理的にはともかく心理的には遠い。おまけに軍隊や警邏《けいら》で守られています。「外人」は居留地《きょりゅうち》のなかにいてかんたんには会えません。

農民がその胸のうちの憤懣《ふんまん》を吐きだせるのは、川向こうにいる穢多身分の人だけでした。ついこのまえまで農家のひさしよりなかに入ってこなかったし、玄関の敷居《しきい》のそとから挨拶をしたものです。お金をかれらにわたすときはポンと投げあたえればよかったのです。村の飲食店に入ってくることもありませんでした。それが、維新後はなんとしたことでしょう。いまや新年のあいさつに敷居をまたいで入ってくるし、堂々と道を歩いている。飲食店にきて農民と同席する者さえいます。

農民の怒りは日常の次元でかきたてられたのです。

解放された穢多身分のよろこびなどは問題外だったのです。新平民になった人がおずおずと敷居をまたいであいさつにきていることなど察したくもなかったのです。そして、農民は、「開化」に対する反発を穢多身分に集中します。

居留地
外国人に居住し商売することを許可した一郭をいう。東京、神奈川、大阪、兵庫、長崎、新潟、函館に設けられ、一八九九年（明治三十二年）までつづいた。

Q30 部落差別は都市へ運ばれて行ったのですか？

農民の間で形づくられ根付いていった部落差別は、どのようにして都市の生活の中に入り込んだのですか。都市と農村の関係はどのようなものだったのですか？

維新後、しばらくのあいだ、日本の文化は、古いものと新しいもののせめぎ合いでした。新旧ふたつの葛藤《かっとう》は、いつの時代にもついてまわりますが、一八七〇年代からしばらくは、とくに激しかったのです。

もちろん、その後も、飛行機や自動車の普及、家庭生活の電化、コミュニケーション手段の急速な進歩など、変化はつづきます。しかし維新直後は、それ以降の変化が技術革新によるのにくらべて、社会体制全般に影響がおよびます。基本的な思考方法までが変わるのです。変化は政治経済に始まり、生活の細部にまでおよびました。

都市と農村の関係も深刻化します。

鎖国時代の都市は農村にかこまれています。

都市の市《いち》に各地の農産物や工芸品や漁業の収穫がもちこまれて交換されました。参勤交代《さんきんこうたい》の制度もあって、各藩の風習や祭典《さいてん》が江戸に流入します。日本各地の農本的な文化が都市に流れこみ、衝突し、城下に独自の文化がはぐくまれました。

維新後、東京に流れこんできたのは、欧米の文化であり文物でした。このとき、日本の都市はこれまでと様相を一変します。農村から都市への流れはにぶくなり、逆に、都市が文化の発信源になったのです。だれよりも早く知るためには、都市に「上京」するにかぎるようになります。

しかし、それでも農本主義的な思考はずっと沈殿したままのこっていました。歴史はいつも単線ではないのです。明治維新がたんなる開化思想から出発したのではなくて、「王政復古」という超反動的なスローガンを合わせ持っていたのとおなじです。

八五パーセントの農民を支配するための方便だったのでしょうが、維新後も日本は、「文明開化」といいながらも、「瑞穂《みずほ》の国」であると強調しています。貨幣の裏には稲の文様《もんよう》が刻まれました。学校でもまた、第一次産業である農業の大切さについてくりかえし教えたのです。天皇は大化の改新のころから「農民の王」でしたから、農本主義に協力して見せました。つまり、大きな流れとして都市が情報の発

農本的な文化
農業を第一に考え、その過程で生成されてきた風習・慣行・学問などをいう。農本主義とか農本思想とも呼ばれる。

都市と農村の関係
被差別部落は、そもそもは、農村の問題だった。「エタ」身分は、武士身分から農村に派遣された身分なので、武士との関係、つまり都市との関係を度外視はできないが、死牛馬獲得という役において、農村に強く結びつけられている。
城下町にある都市部落は目立って有名になるが、圧倒的に多数の部落は農村にある。このことも、部落が農民の意識の反映を強く受けることになり、部落の解放がおくれた理由になった。都市部落がスラム化して、「エタ」部落だったのかどうかわか

信地になりましたが、農本主義的な習俗はあいかわらず都市をつつみこんでいました。「部落差別」もそのなかのひとつでした。農民が部落に対していだいたあの思いが、都市につたえられました。

解放令後の農民の意識を記した一文がちょうど手もとにあります。少々、ながいですが、ぜひ読んでください。書いたのは、日露戦争のおりに非戦論を唱えた木下尚江《きのしたなおえ》です。

自伝小説『懺悔《ざんげ》』に出ていました。

「其村の旧名主の家に凶事が出来たのである。今まで彼等穢多族の者は、斯《か》かる場合にも只だ其の家の土間に跪《ひざまず》いて弔礼を行ふ外、縁端へすらも上がることを許されなかったが、今度旧名主の家に不幸が出来たに就て彼等穢多族は顔を集めて相談の結果、我々も既に足を洗つて同じ人間の仲間入りをした上は、少しも遠慮をすることは無い。斯《こ》う云う場合に他の村民と同一の権利を取るのが肝要だと云ふことになつて、一同揃つてヅラリ畳の上へ坐り込んだ。居合はせたる他の村民は何れも眉をしかめて忌《いや》な顔をしたけれど政体一変の今日は最早《もはや》之を逐《お》い払うこともならぬので、只だ席を避けて横を向いて居る外は無かつたのである。やがて来客一同へ酒を振舞う時刻になつた」

らなくなったのにくらべて、農村の部落は、維新後百数十年をすぎても、そのかたちがいまに残っている。

農民人口の割合
農民が全人口に占める割合には、諸説がある。エタ身分で農業に従事していた者もいるし、商工を兼業している農民もいた。八五パーセントは概略の数字と考えておく。

木下尚江
一八六九年（明治二年）に長野県松本市に生まれる。足尾銅山の鉱毒問題などで活躍。小説に「良人の自白」など。『懺悔』は一九〇六年（明治三十九年）刊。一九三七年（昭和十二年）没。

まだ引用をつづけますが、ここまでの文には、解放令が穢多身分の人と農民にあたえた影響がくっきりと描かれています。

穢多身分の人は「解放令」にしたがって、この機会に「村民と同一の権利を取るのが肝要」と考えます。一方、村民は、いままでは穢多身分を、「最早之を逐い払うこともならぬ」と考えます。追い払うと法令に違反するからです。だから、追いはらえません。にもかかわらず、むかついています。眉をしかめたり、横をむいたりしています。

いよいよ酒が出る刻になります。次のようなことがほんとうにあったのです。

「旧穢多族のものも肩肘張つて其の席に列《つ》らなつた。見ると他の村民の前には徳利と盃とが出て居るが、旧穢多族の前のみには何も無い。如何《どう》したことだと不審がつて居る所へ、其家の主人が立ち出でて一同へ厚く挨拶に及んだ。そしてワザワザ大声に下男を呼んで小児の便器を能《よ》く洗つて持ち来ることを命じたのである。酒席へ便器とは何事ぞと何《いず》れも怪訝《けげん》な面を見合つて居る所へ下男は洗い立ての便器を恭《うやうや》しく持つて来た。主人は更に命じて其の便器へなみなみと酒を注がせて、其れを横柄《おうへい》に旧穢多族の面前に突き出した。旧穢多族の輩は顔を真赤にして其の無礼に立腹した。すると主人は厳格に構えて『貴様達も足を洗へば最早や不浄で無い通り、便器も洗へば矢張《やは》り不浄なことは無い』と言い渡した。列坐の村民は手を拍《う》つて小踊りするばかりに主人の頓才《とんさい》を称賛し、彼等穢多族は畳を蹴立てて帰つて仕舞つた」

これに似た話は、当時はよくありました。弾左衛門が自分たちの住んでいる場所を「肥担桶《こえたご》」にたとえたとのエピソードも残っています。ときには、役人が善意から穢多身分の人を川につれて行き、禊《みそ》ぎをさせたこともあります。体や住む場所に「ケガレ」がしみこんでいるとイメージしたのでしょう。

このような話を今になって読むと、なんとひどいことをしたものかとあきれるばかりです。気をつけなければならないのは、その当時は、これが当たりまえだったということです。もしさきの主人が、「旧穢多族」に理解をしめして、村民と平等にあつかったならば、この主人が村民から非難を受けたでしょう。

近代の黎明期においては、右のように、農民はみんな「旧穢多族」をきびしく拒絶しなければなりませんでした。なんどもくりかえしますが、そうするのが当時は自然なのです。それが農民の文化なのでした。この「差別を当然だとする文化」が都市へともちこまれ、そこからあらためて全国に発信されたのです。木下尚江の右の小説もその一例になったのです。

Q31 近代の文化が差別をふくむのはなぜですか？

部落差別が近代の文化に織りこまれ、「あたりまえ」のこととして流布されるなかで、人々はどのように差別を認識し、克服しようとしたのですか？

数十年まえまでは、部落差別の行なわれるわけを、封建制の名残《なごり》だという学者や運動家や作家がたくさんいました。明治維新を中途半端な近代革命として理解する人たちでした。講座派と呼ばれる人で、部落はその範例《はんれい》のひとつと理解されたのです。ずいぶん不合理な差別ですから、そういいたくなる論者の気持ちもわからないわけではない。部落に関する情報が農村から都市へと流れこんできたことも、部落差別が封建時代の遺制《いせい》のように見えた原因かもしれません。

江戸時代の部落の人は、その役をちゃんと勤めているかぎり、賤視されても憎悪までを浴びせかけられることはありませんでした（→Q29）。穢多身分の人に対する農民のにくしみは、開化の政策が強行されるなかで、むかしよりもつよまったのです。農民の部落に対する憎しみは都市にもちこまれ、農民のいだいていた部落

講座派
明治維新を不徹底なブルジョア革命とし、封建的なものが根強く残存すると主張。共産党系の理論で、「労農派」（社会党系）と対立した。

観が幅をきかすようになります。農村から出てきた文筆家が、部落がおどろおどろしい場所でもあるかのような小説を書いたりします。

部落をよく知り、その解消にむけて動きださなければならないとき、逆に、部落を忌避《きひ》するイメージが都市にひろまってしまったのです。そのイメージはこんどは、都市から農村に印刷物などを通して逆流します。

このようにして、近代の文化のなかに「農民の部落観」が取りこまれ、マイナスのイメージが強化されたまま存続してしまいます。

この状態から部落を救いだすには、イデオロギーの力が必要になります。まずはキリスト教徒が部落の悲惨さに気がついて世間に訴えます。アナーキストや社会主義者も気がつきます。それに、同情から部落の救済に乗りだしてくる人道主義者もいました。そういった人たちが部落解放の柱にしたのが、「平等」の概念でした。

明治維新は、西欧の近代をお手本にした革命でした。自由・平等・友愛の概念は、できたばかりの新聞雑誌によって宣伝されました。その平等の概念に照らしたとき、部落民は、自由でもなければ平等にも扱われていない、と一部の人びとが気づいたのです。つまり、部落民が差別されていることを、あらためて発見したのです。部落民自身も、いっこうに解放されてない自分たちの現状を認識できたのです。

　プロテスタントの伝道師が部落民の救済に力をつくし、融和主義《ゆうわしゅぎ》の人たちが政府や役所のお偉方《えらがた》にはたらきかけて、集会や講演会をもちます。部落の若い青年が自分たちの手で解放を勝ちとる運動をはじめます。これらのイデオロギーの根本は「平等」の概念です。福沢諭吉らの「天は人の上に人を造らず」の思想や、五箇条《ごかじょう》の御誓文《ごせいもん》なのです。

　見方をかえれば、「平等」を信奉する社会ができたため、平等でないものをさがす視線を人びとはもちました。それで、差別に気がつくのです。近代の社会では、差別はいいことかどうかを問わなくても、平等ではないいから悪いということになったのです。いいことかどうかをいったん問いはじめると、それは近代社会の文化全体を問い直すことになるからです。

　わたしが差別について考えはじめたとき、ヨーロッパの思想家が差別をどうとらえているのか知りたくなりました。まだマルクス主義の影響が強いころです。マルクス主義が、弱者の立場に立つ正義の思想なら、差別についての理論が述べられていて当然だと考えたのです。しかし、わたしのもとめていたようなものはありませんでした。実存主義の思想も同じです。ユダヤ人についてのわずかな論考がある

融和主義
　大正から昭和の前半にかけて、部落差別の原因を一般社会の無理解にもとめ、また部落の側にも生活改善をもとめ、双方の「融和」をはかった運動。

五箇条
　一八六八年（慶応四年）三月に宣布された。「上下を一にして」とか「官武一途庶民に至る迄」とか、背後に平等概念がうかがえる。

ぐらいでした。むしろ、アメリカ合衆国の黒人が当時書きはじめていた本のほうに、差別の問題が直截に論じられていました。黒人の姿は白人には見えなくされていると気がついたリチャード・ライトや、ボールドウィンの小説、マルチン・ルーサー・キングやマルコムX（→Q14）らのスピーチのテーマは、差別そのものでした。彼らは白人の文化を攻撃してやみませんでした（→Q18）。

マルクス主義は、近代の総体を革命しようという思想です。労働者が資本家に搾取され、労働そのものからも疎外を受けているのを憂えて、そうでない社会をつくろうというものでした。そのような社会ができれば、差別の問題など、一朝《いっちょう》にして解決すると考えていたのです。しかし、これは大きなまちがいでした。階級を廃絶する問題と、差別をなくす運動とは、まったく別のレベルのことだったのです。

階級を廃絶するということは、近代を越えることです。差別とは、近代という枠内での問題です。マルクス主義者から見れば、差別反対の運動は改良主義でしかありません。この近代という枠組みを変えることを選ばないで、近代を完成させようとしているのが差別反対の運動なのです。しかし、社会主義運動と反差別の運動の混同の歴史は長くつづきました。部落の青年による自主的な解放運動にも、その後の解放運動にもバッチリと混同があります。

階級対立と差別

階級の問題と差別のちがいを図にした。ⒶとⒷのスクラムの必要をマルクス主義者がいうとき差別の問題は見えなくなる（もちろん、反差別の運動だけだと階級対立が見えなくなる）。

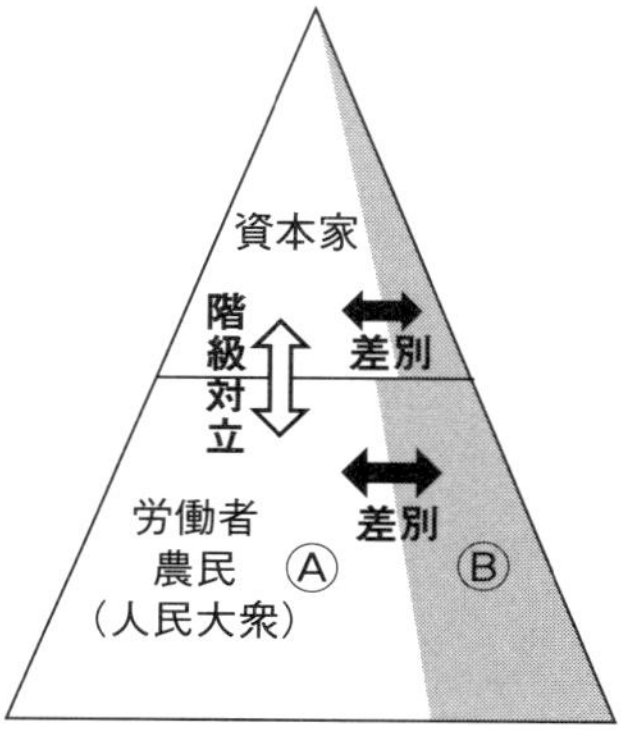

（図中網点部が被差別者）

Q32 「表現の自由」と「差別語禁止」の関係は？

差別を告発していく時、しばしば「表現の自由」との間に折り合いのつかない対立が生まれます。同じ権利としての二つの関係をどう考えますか？

差別の問題が、権力闘争の課題ではなく、文化の質の問題だと今日では広く了解されています。

第一次大戦後の日本では、行政の側も差別をなくしていこうとしはじめます。第二次大戦後は、一部の政党からの熱心な働きかけもありましたし、市民団体がねばり強く要求した結果もあるでしょう。新しい日本国憲法も支えになり、いずれにしろ権力の側も差別を許容するわけにはいかない社会になりました。

差別の問題は、制度的・経済的な面での解決はどんどん進み、ますます文化の問題になりました。市民たちが共有する規範の問題になったのです。頭の中身が問われるようになりました。頭のなかはそのままでは見えませんが、人々の表現に現われます。会話、仕草、表情、声、それから、書かれたものや映されたものに現われてきます。手紙、パソコン通信、チラシ、パンフレット、落書き、コミック、ドラマ、ニュース、記事、小説や評論など、表現されたもののどこにでも、頭の中身がでてきます。

情報が過密になり、巨大な発信装置が生まれることで、表現の問題は社会的な事件を引きおこすまでなりました。自分の小さな頭の中身が、巨大な発信装置で増幅されて巨人の頭脳として通用してしまうケースが現われます。

普通、この巨大な発信装置においては、そこに入れるソフトは自由ではありません。好きなことをやっていると、すぐにマスである大衆から見はなされ、マスではなくなるからです。わたしが、マスメディアの発信者は、受信者の大衆と等号で結ばれるという、これがその意味です。

日本中に一瞬のうちに情報を送ることのできるテレビや、それにつぐ新聞などが、このとき送信内容に敏感になるのは当然でしょう。差別の問題にかぎれば、被差別者が傷つくような表現をするわけにはいきません。そのために差別表現の規制を率先して行なうようになります。マスコミ各社とも、「用語規制」の手引きのようなものを作り、社員に配布し、人権に配慮するよう注意をうながします。情報の受け手である市民大衆の顔色をうかがった上での処置だといえます。

理論的にくわしく知りたい方は、拙著『時刻表のクリティーク』（お茶の水書房）を参照のこと。

※マスメディアと擁護規制についてのくわしい説明は拙著『作家と差別語』（明石書店）参照。

ここでは、ポルノグラフィーを例にとり、禁制と自由との関係について考えて見ましょう。まずは、ポルノというジャンル一般ではなく、その個別の表現について考えましょう。ポルノ写真でも、ポルノ小説でも、ポルノビデオでも、身障者を差別した表現がありますし、幼い者をあつかったり、黒人やアジア人への差別もあります。これらの個々の表現は、ポルノだからしかたがないと見すごされているのでしょうか、あまりチェックを受けていないようです。わたしは、それぞれの被差別者集団が、いたずらに被差別者を傷つけるようなポルノ表現にはきつく抗議して、あらためさせるのがよいと思います。

ポルノと差別の問題で、いちばんむずかしいのは、テーマが性差別の場合です。これは、ポルノを正面きって楽しんでいるのが男性だというところからきています。女性が、ポルノがきらいだということはけっしてありません。性差別の結果、主として男性しか楽しめないものとなっているのです。長い抑圧の歴史が、女性をポルノからしめだしたのです。

そして、ポルノ情報の受け手がほとんど男だということが、今日のポルノの内容を規定したのです。男たちが見てよろこぶもの、男たちが高いカネを支払ってでも買ってくれるものがポルノの内容になります。

マスメディアによるコミュニケーション図式

テレビ局から発信された情報はB′によってチェックを受ける。これが視聴率。A′がマスメディアであるためにはB′の好みによって規制を受ける。A′とB′は限りなく似てくる。

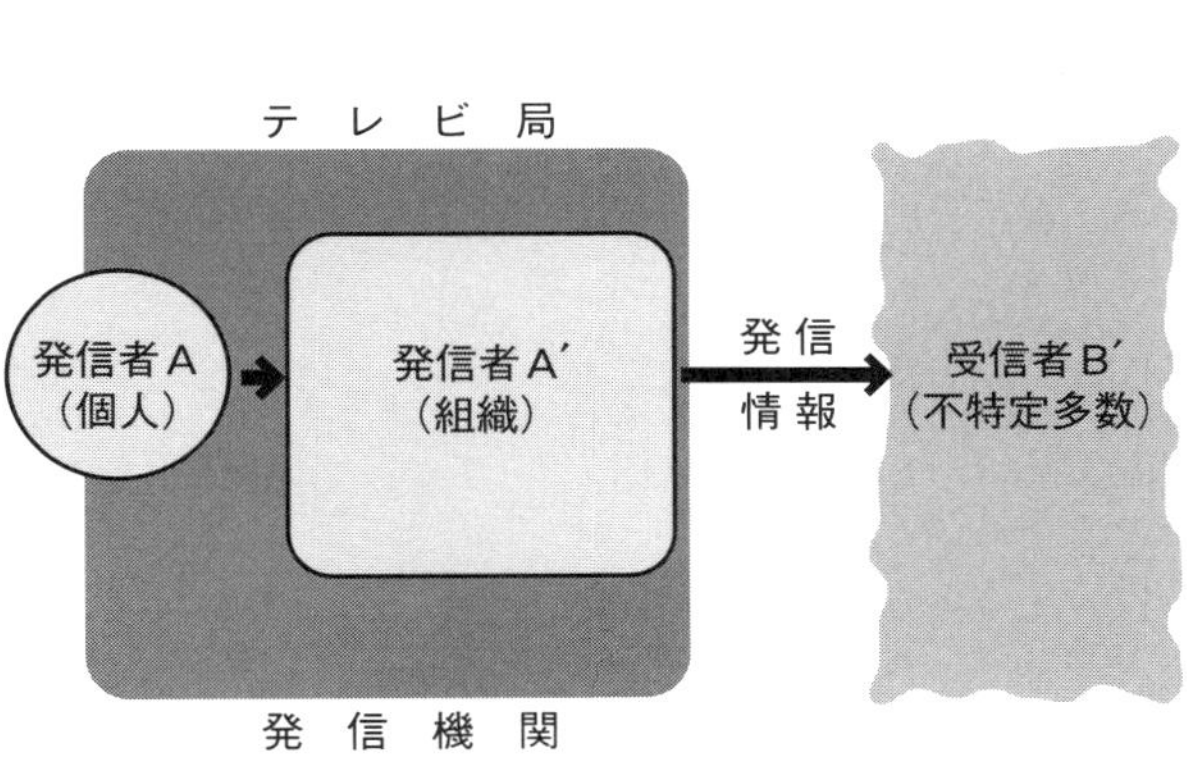

男が見たがるもの、読みたがるものといえば、ときには同性の裸体のほうが好きだという男性もいますが、異性のセクシーな姿を求める人のほうが多い。そこで、女性が被写体になります。どういう姿態がいちばん惹きつけられるかというのは、これも文化に所属する問題です。江戸時代と今日とではちがいます。構図とか、衣装とか、表情とか、露出度とか、誇張の仕方とかがちがいます。女性に対する男性の関係の持ち方が、ちがいをつくりだしているのです。

男性が女性に対して抱く優越感も劣等感も、ポルノに反映します。実社会の性差別が表現にもちこまれ、被写体の女性が差別的に描かれたり、それを見る人に「性差別」を教育することになります。

女性が虐待されている写真を見たがる人には、そのような写真が用意されています。女性が虐待されてよろこんでいる場面を書いた小説も売っています。絵や文字やフィルムの世界で女性がモノのように扱われています。これらの表現を、ポルノのコードに習熟してない女性が見た場合、はげしいショックと侮辱を感じます。女性はポルノというジャンルからもはずされ、しかもポルノのうちでも侮辱される。つまり、二重に差別されるのです。

最近、女性が家庭で受ける男性からの暴力の実態が、しだいにわかってきました。これまではイエ意識にとらわれて、家庭の恥を世間から隠していたのですが、やっと発現できるようになったのです。父から殴られたとか、夫から屈辱的な言葉を浴びせかけられたとか、性交渉を強要されたとか、レポートは多岐にわたります。また、家庭の内外を問わないで、性的な暴力が問題になっています。セクハラも、そのひとつです。

女性のこうむる性暴力に対して、アメリカのある女性弁護士は、それらはポルノグラフィーの影響であるとしました。ポルノを見たり読んだりして、男たちはそれを実行に移したというのです。この弁護士は、ポルノを法的に規制する運動をアメリカでつづけています。日本にも来て、そのことを女性に訴え、かなりの共感を得たようです。

しかし、わたしは、今日の差別解消の戦術としては、この女性弁護士はまちがっていると思います。バイオレンスな映画が、男たちを暴力行為に駆り立て、好戦的な態度を植えつけるという説がありました。少年が事件をおこすと、しばしば、残虐なビデオやテレビゲームやインターネットが影響をあたえたのだとされます。しかし、それらを見ている人でも、おとなしい人もいますし、バイオレンスな映画を見ない人でも暴力犯罪をおこします。どのような表現でも、受け手に影響をあた

キャサリン・A・マッキノン
アメリカのフェミニスト法学者。著書に『フェミニズムと表現の自由』（一九九三年、明石書店）『ポルノグラフィと性差別』（二〇〇二年、青木書店）などがある。

えるわけですが、それがすぐに行為とむすびつくわけではない。バイオレンスな映画が、破壊衝動を発散させてくれることも考えられます。

もっというならば、バイオレンスな表現がなくなると、暴力のふるわれるケースが増えるのでしょうか減るのでしょうか。女性に対する暴力もふくめて、バイオレンスな事件の増減には、社会の景気の動向や、戦時下や災害時などの現実があたえる影響のほうがつよいのではないでしょうか。

さきのアメリカの女性弁護士が、心底からポルノにおける性差別をにくんでいるのはわかります。だから彼女の言葉は多くの女性の共感を得ています。ポルノのもたらす影響をだまっていていいのか。それを見て興奮した男たちが、見さかいもなく女性を侮辱し、少女や少年を傷つけている。ポルノグラフィーを廃絶すべきだということになります。それを弁護士らしく、法制化でもってポルノ規制を実現しようというのです。

ただ、ポルノというジャンルの総体を否定するのは、どうなのでしょうか。ジャンルの総体を否定するのではなく、女性が虐待されているビデオ、幼女のいたいけな裸体写真、イエローキャブといった差別語、黒人の性器神話などの個々の表現を告発する、そして、その過程でポルノからはじき出されている女性のあり方も変

イエローキャブ

本意はアメリカのタクシーだが、「黄色いタクシー」で、日本の女性はアメリカ人と「すぐ寝る」「誰とでも寝る」という意味に使用される。いまの日本ではピンク関係のアイテムになっている。

えていく。そういうふうにすべきではないでしょうか。

さらにいえば、ポルノという社会的に疎《うと》んじられている表現をねらわないで、大新聞やテレビや法令や教科書、広告などに隠されている性差別こそ、問題の中心に置くべきではないでしょうか。今の社会に性差別があるということは、すべての表現のうちに、その構造があるのです。影響力の大きいものこそ批判するべきです。このアメリカの弁護士にまずやってもらいたいのは、アメリカの軍隊を描いた映画などに構造化されているマッチョの文化です。「性差別国家ＵＳＡ」の告発です。

マッチョ
男っぽいと思われる行為。大胆・豪快・たくましい・猛々しい。保護者ふうのふるまいなどに価値を置く考え方。

Q33 差別はタブーフリーで解消するのでしょうか？

差別をなくしていく上で、法律による規制という手段は常に出てきますが、なじめません。差別をなくすにはタブーをなくすことから出発するのがいいのです。

ポルノの法的規制の是非を見てきましたが、日本での部落解放運動にも、第二次大戦前ですが、差別語を規制する法律をつくろうとするうごきがありました。これは実現しませんでしたが、それでよかったのだとわたしは思います。ある差別語をつかったとたんに逮捕されたり、罰金を支払わされるというのでは、たまったものではありません。それで差別がなくなるのならいいのですが、法によって差別はなくならない。その例を日本国憲法を例に引いて述べました（↓Q27）。

ポルノを禁止するのも同じです。ポルノがつくれなくなると、どこかの州か、どこかの国から密かに持ちこむ人がふえるだけです。ポルノが法外な値段で取引されるだけでしょう。

わたしは法律にうといため、ある朝、新聞の見出しに「淫行処罰規定《いんこうしょばつきてい》」という文字を見てびっくりしました。一気に目がさめたのです。「淫行」という字が強烈でした。いまだにセックスを淫行と思っている人がいるのか、この言葉をいまなお使用している人はどんな人なのだろうかと思い、この言葉が好きな人の家庭はどんなのだろうかと首をひねり、また、この規定をつくるために会議を開いた人たちはどんな表情で「淫行」「淫行」と言っているのだろうかとおかしくなりました。男社会特有の無表情な顔ですましていながら、胸のうちでワイセツな気分になった人もいたでしょう。「淫」という字は、みだらで、色事に耽溺《たんでき》し、深入りしてとめどもなくなるイイ気分のことを意味しているからです。

　彼らは、この「淫行」とともに、もうひとつ、「不健全図書類の規制」の強化も考えているのです。「いかがわしい」写真などを取り締まろうというわけです。なにがいかがわしいかは、たぶん彼ら（主として男）だけが正確な判断をくだせるのでしょう。

　わたしは、権力につらなる機関が表現に規制を加えることには反対です。その場合は、「表現の自由」という概念を使用して抗議して行くべきだと思います。そして、差別の問題に関しても、法的な措置は最小限におさえるほうがよいと思います。新聞社やテレビ局が社内向けに禁句集を作るのは勝手ですが、法的に人をしば

るかたちにしてはいけない。なぜなら、差別の多くは制度の不備によるものではないからです。もしそうなら、差別の解消も簡単です。そうではなく、差別はくりかえし述べてきたように文化の問題なのです。文化の内容を変えていかないといけないのです。

わたしは、近代の差別についてつぎのようなイメージを持っています。どんなテーマの差別でもよいのですが、部落差別を例にとりましょう。

復習になりますが、近代の始めには部落民が差別されても、だれも疑問をおぼえませんでした。「解放令」で制度的に存在しなくなっても、この意識はかわりません。それどころか農民の差別心は余計《よけい》につよまったのです。「差別心」という言葉をつかいましたが、実際には、差別しているという意識もなかったはずです。穢多身分の人がケガレているというのは、太陽が東から昇るのと同じぐらい正しかったのです。

この農民の考えを打ち破るためには、何人かの先駆的な人の、「そうではない」というイデオロギーが必要でした。そして、その先駆的な人をたすけたのが、「平等」という近代社会の根本をなす概念だったのです。多くの人の努力が百年以上もつづきます。しだいに、「部落差別はよくない」という人がふえてきます。いまでは、部落民を差別するのは太陽が東から出るのと同じくらい自然だといえる人はすくなくなったのではないでしょうか。これらの意識の変化をもたらしたものは、経済的な発展もつよい影響をおよぼしましたが、やはりおおくの人が部落について語る機会をもったからです。

いま、差別したがる意識と、それを否定するイデオロギーが、日本文化のフィールドで日々闘っているのです。ネットのうえで、部落を揶揄《やゆ》する書き込みと、それをいさめる意見が交互に顕《あらわ》れるのとおなじです。部落差別ばかりではない。外国人差別、女性差別についても事態はおなじようにうごいています。

そして、「平等」を基本概念にかかげた近代社会においては、どのような差別も、ひとたびテーマとして問題にされると、そのうち解消にむかいます。その一方で、これまで気がつかなかった差別が発見されて浮上してきます。人びとはこんどはその解消にふたたび努力するのです。

差別は、近代がその成立と同時にかかえこんだ問題です。そして近代がつづくあいだ、ずっとくっついてくる問題です。ひとたび差別の訴えがあがれば、そのことで苦しんでいる人たちを一刻も早く解放しなければなりません。苦しんでいる人の救済に、マスメディアをふくめて、みんながむかう。まずはそこへ行って実態を知り、当事者と言葉をかわすのです。見て見ないふりをしない。タブー視していては、絶対になにもかわりません。被差別者をいつまでも闇のうちに放置することになるだけです。

プロブレムQ&A

Ⅲ

資料

資料①

山国の新平民

島崎藤村

信州の新平民のことで、私が見たり聞いたりした事実を、すこし話そう。

長野の師範校に教鞭を執った人で、何んでも伊那の高遠辺から出た新平民ということで、心理学か何かを担当して居た一人の講師があった。私が小諸の馬場裏に居った時分、隣家に伊東喜知さんという小学教師をして居る人があったが、氏は其人に会ったことがあるとの話だった。頭脳《あたま》が確かで学問もあって、且つ人物としても勝れて居たという。それから私は種々《いろいろ》な人に会って、其人のことを聞いて見たが、いずれも賞賛して居た。其の人は師範校をそんな関係で出て、中国の方の中学校に行った。が、何処にも落ち着いて居られないで、二三ヶ所学校を替えて、終にある中学の校長にまでなった。お茶の水の付属の中学に奉職して居られた伊藤長七君、あの人が私のところへ来ての話には、実は亡くなる前に其人に会ったということで、中学の校長会議の時に出て来たことがあって、その時伊藤君の所へも訪ねて来たそうだ。教科書事件の為めに冤罪で入獄した知己があったので、其の知己が赦免されるよう尽力して、是非助けたいと言って居たそうだ。其の時が伊藤君の会った最後なのだが、其人のことを地方人が嗅ぎつけて、彼是言い出したものがあるとかいう伊藤君の話だった。其人に私は会ったことはないが、新平民としては異数な人で、ああ云う階級の中からそんな人物の生まれたということが、ひどく私の心を動かした。それで其人のことを聞き得れる限り聞いて見て、実に悲惨な生涯だと想い浮べた。其人が亡くなったのは、私がまだ小諸に居った頃で、心あるものには惜しまれたということも聞いた。

それから私は新平民に興味を有し、新平民の——信州の新平民のことを調べて見ようと思い立ったのだが、それに就いて種々の不審を打たれた人もある。いかに信州が山国だからといっても、貴様の言うようなことはあるまい。あまり誇大に過ぎるという人もある。私も東京に居る頃はあんなことはあるまいと思って居たのだが、信州に行って住んで見て解った。

『破戒』の始めに、金持ちの穢多があって放逐されると云うことがあるが、あれは紫屋の主人という穢多の方の大尽にああいうことがあったのを書いて見たのである。尤も飯山にあったのではなく、越後の高田にあった事実である。ああいうことは有り勝に思える。

この紫屋の事実に就いては、私が小諸で懇意になった理学士鮫島晋氏、彼の人は越後の出生で、当時の出来事を知って居られるものだから、くわしく私に話されたのを書いて見た。それで思い出すが、現に私が小諸に居た時分、中棚という千曲川に近い所に湯があって、そこに少し変わった平常見つけない客が来たことがあった。それがあちらの方の身分の人と解ったので、そういう手合いが入るならわれわれは御免を蒙るなんて云う人が有って、その客は身体の保養か何かで来たのであったが、そんなことからぱったり来ないようになった。まあ凡てがそういったような調子であった。

　小諸の穢多町に弥右衛門さんというお頭が住んで居る。このお頭のことを、私が始めて聞いたのは、小山英助さんからだった。

　ある日、そのお頭の所へ氏と二人で会いに行った。この小山という人は中牛馬会社の小山五左衛門さんの親戚で、小諸の青年中でも進歩した思想の人だ。そういう人だが、穢多の家へ尋ねて行くとなると、あまり好い心持ちはしないと言って居た。吾らのように平気で訪ねて行くと云う風ではなかったようだ。二人で訪ねて行くと、其家の主人公と云うのは普通にああいう所にある人としては余程しっかりした、まあ私には確かに気性のすぐれた人物と思われた。落ち着いた人で、吃《ども》るような調子で話すのだが、いろいろ聞いて居るうちに是方が気恥ずかしくなった位田舎には珍しい話の解る人だった。新平民に就いての知識というようなものは、其人から習ったことが多かった。弥右衛門さんに言わせると、東海道に住む新平民と山国に住む新平民とは種族が違う。東海道筋に住む新平民は多く剽悍な性質を帯びて居る。それは彼等の遺伝性とも見られる。山国に住む方は漂着した露西亜人や朝鮮人の後裔ではなく、大抵大昔からの土着の人や武士の零落したものだから、従って気質も違うと云うのが其人の説だ。其人の話では又、上田の在に秋葉村と云う所があって、其の村は信州の穢多部落の中でも一番古い、そこには弥右衛門さんの親類もあるそうだ。何でも親鸞が穢多伝道をしたらしい痕跡が残って居て、自筆の古い短冊が今だに存してあると云う事だ。其の歌を弥右衛門さんから聞いた時は、大層面白い歌だと思ったが、つい忘れてしまった。秋葉村へ行くと種々《いろいろ》面白いものが見られるとの事だった。

　この親鸞の穢多伝道の事を、のちに柳田国男に話したら、例の判断力に富んだ人だから、直に考えて、真宗では金を集める必要があってそれでそんなことを言い伝えたのではあるまいか、どうも親鸞が直接伝道をしたというのは疑わしい、との事であった。兎に角、穢多の宗旨が真宗ということだけは事実なのだ。其弥右衛門という人の話によるとこうである。穢多の方の部落はたとえ四十戸あるとしても、一戸と云うのは一軒と云う意味でなくして、一戸の中には一軒の中から竈を分けて貰ったものを総括して一戸とする、つまり一家族、全家族が父親《おとつさん》の兄弟の家を総括して一戸となるので、四十戸と言っても家は四十軒以上ある訳になる。
尚弥右衛門さんは種々《いろいろ》な事を私に話してくれた。面白いのはあの手合いの階級という考えだ。一体何が違うかと云えば階級が違う為に卑しいと社会から見られて居るのだから、新平民同志の中でまたその階級の高下を言い争って居るのは非常なものだそうだ。その争いは吾らの予想以上にある。たとえば自分の家と結婚すべき家は何処の村の誰と何処の村の誰としかないというのだ。私には能く判らないが、一口に新平民と言っても幾通りかの階級に分かれて居って、殊に縁組みの事にはやかましい区別が立っていると聞いた。

私もそれから根津と云う村の方などに行って、種々《いろいろ》な手づるを捜して見た事があった。あっちの部落でもやはり小諸の穢多町と同じように、どんな富有な家でも麻裏を作る。其処だけは板敷きになって居て、家の中にある所もあり、別に小屋のような所を設けて其処で造っている家もある。それは男も女も児童もやるという風である。皆んな家の前には、あの草履の表に編む美しい黄色な藁が乾してあって、爺さん婆さん迄も手伝うと云う風になって居る。根津の穢多村のものは大抵百姓で、其片手間に麻裏を造るのだからつまり副産物になる訳だ。かく沢山の麻裏は、それぞれ仲買の手を経て、上州その他の地方へ卸すということである。

太平洋画会の丸山晩霞君の故郷がこの根津村だ。先年まで丸山君は根津の方に居られたから、お頼みして一緒に穢多の部落に行って貰った事があった。三軒ばかり訪問した。尤も何と云って訪問してよいか、皆知らない間《なか》なんだから、第一それに困った。一軒は麻裏を買いに行った。丁度其処には主人が見えなんだが、内儀さんと姑らしい人とで取り持って呉れた。内は小綺麗に取りまわして居て、例の通り茶は遠慮して出さない、煙草盆にも火を入れないで、マッチを付けて出す。殆ど普通の農家と違いはないが、奥の方に麻裏を造る広い部屋があって、其処は畳が敷いて無い、唯それだけの相違なのである。内儀さんも姑も愛嬌のある人達で、其処の居る間は特に穢多の家と云う心地も起こらなかった。それからもう一軒他の家に行った。また麻裏かと、訪問の言辞に困っていると、丸山君は頓知のある人だから、早速の機転で、仏壇拝見とやった。家のものは外へ出て居た、老人が一人居た。此老人《としより》の容貌なぞは、顔の形、鼻の形が一寸普通の日本人とは変わって見える、穢多と云う事を連想するかして殊に皮膚の色なぞは変わって見えた。床の間には大層立派な仏壇が飾り付けてあった。そこでは大した話しもしなかったのであった。

もう一軒、丸山君と出掛けて行った。そこは大きな農家で、富裕に暮らして居て、家族も多く、構えも広く、長閑《のどか》な、清潔な、いかにも楽しい田園生活の有様だと見受けた。行くと流れがあって、流れに沿うて蔵があり、蔵に沿うて庭がある、庭の正面に大きな住居がある。そして左手の所に立派な小屋掛けがあって、十五、六位の可愛らしい娘が、その母親と一緒に麻裏を造って居た。此処の主人というのは余程捌けた人物で、万事世慣れた調子の老練家だから、他所に行っては世間普通の人に見られるという丸山君の話だった。一体が客を喜ぶという風で、細君も出て来て種々歓待《いろいろとりもち》したが、書画骨董などの面白いものがあった。但し此の家では、茶も出せば煙草盆も出す、まあ普通の家庭と違ったところは無かった。その時私は、小諸の弥右衛門さんと其の主人とを心に比べて見て、面白い対照だと思った。弥右衛門さんの方は、所謂腹のあるといったような、すくなくも人を導くことの出来る人物だが、そのかわり性質が沈鬱で、万事保守的だ。そこえ行くと其の主人の方は快活で、淡泊で、世の流行にも後れまいとして居る、年はとってもハイカラな新平民、そう私は話を聞きながら思って見た。

私の見た所では、信州あたりの新平民を大凡二通りに分けることが出来ると思う。high class とでも言おうか、開化した方の新平民と、それから low class, 開化しない方の新平民と、こう二通りだ。開化した方の新平民は、容貌《かおつき》も性癖も言葉づかいなぞも凡ての事が殆ど吾々と変わる所はないと思う。たとえばそういう階級の中には弥右衛門さんのような人があったり、中学校長にもなり得る力を有って居る人が出来たりする。開化しない方では、野蛮人でも下等の野蛮人は野生が顔に現われて居るように、第一、容貌も何となく粗野で、吾らの恥ずかしいと思うことを別に恥ずかしいとも思わない風である。顔の骨格なども吾らと違って居るように見える。殊に著しいのは皮膚の色の違ってる事だ。他の種族と結婚しない、中には極端な同族結婚をするところからして、一種の皮膚病でも蔓延して居るのではなかろうかと思われる。そう云う手合いは多く顔がむくんで、田虫などの出来て居るように見えるものが往々にある。顔は細長いよりは円味を帯びた方で、奥行きの浅い、陰日和の薄い、一口に言えば単純な形のものが多いようで、それに比べると一方の新平民は、矢張普通の日本人と同じように、頬の骨などが高く秀でて居て、発達した性格を深く刻みつけたかとも見える。よく私は小諸の穢多町を歩いて、無知零落の境涯に沈んで居る新平民の男女を目撃した。あるいは土間に藁などを敷いて半裸体で寝て居るような、貧しい憐れな家族をも見たが、恐らくああいうのが今日の人間社会にある最下層生活の一つだろうと思う。

穢多には一種臭気があるということで、小諸の人達はひどく其れを嫌って居る。吾らは特にそんな事を感じもしない。尤も家が不潔であるとか、多少皮革類をいじるとか、靴とか三味線とか、それから馬――あの馬の斃《たお》れたのを売ったり買ったりして居るのだから、自然そういうことを言われるのだと思う。小諸の興良町に山五と云う乾物屋があって、そこへよく碁を打ちに来られる隠居さんが私にそういうことを話した、何でも収穫《とりいれ》時分になると、新しく出来た稲を一束ずつ持って、お出入りの証《しるし》に置いて行く。それが新平民の習慣であったそうだ。其の隠居さんの話で見ると、敷居から中にはいると云う事もまあ嫌うと云うので、茶なぞを馳走しても穢多に飲ませる茶碗は別にしたと云う風だそうだ。穢多のことを四足という事は前に言った小山氏から聞いた話なので、今だに士族は士族、町人は町人、百姓は百姓と、階級差別の思想のぬけない山国の人が、同格に新平民を見るという時機は遠い将来のことだろうと思う。信州で深く懇意になって『破戒』の出版に尽力して呉れられた志賀の神津猛氏、あの人の細君はお蝶さんと言って、その人の叔母に当たる塩川鉄砲店のお弁さんという人が『破戒』を読んでからは、もう穢多のことは悪く言うまいとそう言われたとかで、先頃神津氏が来て私に話したことがある。そういう風に憐れむという心で見てくれた読者も随分あったろうが、中には又、穢多を主にした物語だから、あまり好い心地はしなかったと言われる読者も多く有るだろうと思う。

つまり、こういう風に世の中から嫌われて居る特別な種族だから、独立した実業という方面には随分是迄でも発達し得られたのだろうが、知識と云う方の側にそういう種族が発達し得るかどうか。それが私の深い興味を惹いたのであった。現に生きて居ったり死んで了ったりした教育のある新平民も沢山にあるそれから『破戒』の中に書いてある穢多の迫害は大仰に過ぎたと云う人もあったのだが、兎に角私も八年の間信州に居って、山国の新平民の状態を見聞きしたので、ああいう風の事はなかろうと云う考えを有った人もあろうが、実際あり得る事を書いた積りなのである。

資料②

再刊「破戒」の序

島崎藤村

これは過去の物語である。

過去には後の時代にとって反省すべき事柄も多い。ある人も言ったように、過去こそ真実であるからであろう。

わたしがこれを起稿した頃は、明治の新精神がすべての方面に漲《みなぎ》って来た時でもあった。わたしも拙《つたな》い身を忘れ、自分の内にも外にも新しく頭を持ち上げて来た力で、この作を貫こうと試みた。しかしわたしはまだ若かった。今日から見れば、自分ながら意に満たないふしも多い。

新しいということは、近代では恥ずべき何物をも意味しない。そういう中にあって、独り新しい部落の民のみが特別の眼をもって見られて来たのは何故であるか。わたしはこれを書いた頃の部落は、その実決して新しくはなかったのである。古い、古い部落であったのである。

この書は長いこと読書社会から姿を消していたものである。わたしはこんな部落の物語を全く葬り埋めようと考えた時もあった。

風雨三十余年、この作の中に語ってあるようなことも、又その背景も、現時の社会ではない。嘗てこういう人も生き、嘗てこういう時もあった。芸術はそれを伝えていい筈だ。そうわたしは思い直した。

思えば、過去は何時活き返らないともかぎらない。わたしの「破戒」の中には二つの像がある。あるものは前途を憂うるあまり身をもって過去を覆おうとし、あるものはそれを顕すことこそまことに過去を葬る道であるとした。この二つの間を往復するものもまた人の世の姿であろう。ともあれ、わたしはむかしを弔おうとする人のために墓じるしを新しくするような心持で、もう一度この部落の物語を今日の読者にも読んで見て貰おうと思う。

著者しるす

資料③

「破戒」の後に

島崎　藤村

この書「破戒」は思うところあって、十年以来絶版としてあったもの。この文庫第十篇として今一度世に公にする運びとなったのは、再刊を望まるる人々の勧めにより、また新潮社の佐藤義亮君をはじめ中根駒十郎君等からの切なる求めもあったからで。原作は今より三十四、五年前、即ち明治三十七年から翌三十八年へかけ、あたかも日露戦争の空気の中で書き綴ったものであった。偶然とは言いながら、日支事変以来第三春の今日に当たり、今一度この作を読者諸君に送る日を迎えたことは、これも一つの奇縁である。

原作には「身を起すまで」の別名はなかった。これも今度の再刊を機会に新たに書き添えた又の名と考えて頂きたい。わたしが半ば書きかけたこの「破戒」の草稿を抱いて信濃の山を下りた当時のことは、本文庫第四篇「春」の奥書にも記しつけて置いたから、ここには省く。もともとわたしの散文は「千曲川のスケッチ」から出発したものであるが、長篇小説としてはこの作が最初の試みであった。当時文学上の新開拓がそこにもここにも始まったばかりのような時で、わたしはまだ作の経験にも乏しく、著作者としての新生活も困難な草創の際であったから、その中でこれを書いて出るというだけでも、かなりの冒険であったことを覚えている。ともあれ、三十三歳から三十四歳へかけての若い年頃が二度とわたしに来ないように、この未熟な作もまたわたしに取って二つとはないものだ。その意味から言っても、今回この書の再刊に際しては、なるべく旧態を保存することにして、大した斧鉞《ふえつ》は加えてない。ただところどころ字句を改めたり省いたりするにとどめて置いた。種々な問題を引き起こしたのもまたこの作であるが、わたしは作そのものをもって一切の答えにかえようと思う。

昭和十四年正月、静の草屋にて

資料④

「破戒」初版本復原に関する声明

一九五四・四　部落解放全国委員会

筑摩書房の刊行する「現代日本文学全集」の島崎藤村集が「破戒」初版本を復原し、収録したということは、既に読者諸君の知られるところである。

藤村集の解説者瀬沼茂樹氏は、その解説の中で「破戒」が緑蔭叢書版の初版に完全に復原せられて、全集に収められることになったことについて喜びを述べ、大きな収穫の一つであるとして、かねがねの主張が通ったことを読者諸君に告げている。筑摩書房としてもこの復原に最大の重点をおいたことは想像に難くない。

部落解放全国委員会は、もとより「破戒」初版本の復原に対して反対するものではない。しかし「破戒」初版本を復原する場合には周到な準備が必要であるにもかかわらず筑摩書房がこの点を深く考えることなく「破戒」初版本を復原したということは現在もなお、差別と貧乏のどん底に苦しんでいる被圧迫部落民に、どのような影響をもつか、という社会的効果に対しては、まったく考えるところがなかったといわなければならない。われわれはこのことは非常に遺憾なことと思う。

もちろん筑摩書房がその復原に当たって、なんらの注意もはらわなかったと、いおうとするものではない。筑摩書房が昭和十四年になぜ「破戒」の改訂版が出され、以後、その改訂版のみが流布されているかその理由をただそうとしたことについては、はっきり認めなければならないと思う。だが、出版に当たって筑摩書房のとった態度は、部落問題に対してまったく理解を欠き、被圧迫部落民の存在に対して、まるで無関心であったことを示していると考えられる。

筑摩書房のこのような態度からは、藤村の「破戒」に対する正しい評価を期待することはできないし、さらに藤村がなぜ「破戒」を改訂したか、という経緯をあやまりなく読みとろうとした誠意さえ認めることはできない。部落解放全国委員会は、藤村が昭和十四年に「破戒」を改訂するに至った経緯を筑摩書房が正しく理解し、その上で「破戒」初版本の意義を評価し、更に、初版本の復原によって読者諸君に部落問題の何であるかを、正しく訴えるということを期待したのであった。だが、筑摩書房は、この期待にこたえることはなかった。われわれのまさに遺憾とするところである。

部落解放全国委員会は「破戒」に対して一つの決定的な評価を持っている。それは日本文学史上における「破戒」の歴史的意義にもかかわらず、藤村の被圧迫部落民に対する差別観の故に、「破戒」が差別小説の域を決して脱していないということである。

昭和十四年に藤村が一部の改訂を行なったのは、当面、改訂によって「差別」を抹殺しようとしたからにほかならない。それは「穢多」という呼称をただ「新平民」と呼びかえたにすぎなかった。しかし部落民に対する呼称をどのようにかえようとも、それでもって差別が消え去るものではない。藤村はその改訂によって、自己を欺瞞し同時に部落民を満着しようとしたといえるのである。全国水平社が当時、このような妥協を行なったことは、重大な誤謬であった。藤村が改訂版の序文で部落民の物語を過去の物語とし、《かつてこういう人も生き、かつてこういう時もあった》と、のべているのは、今日なお非人間的な差別に苦しんでいる部落民に対する激しい侮蔑であり差別でなくてなんであろうか。

新潮社が「破戒」初版本を絶版にしたのは、昭和四年である。勿論「破戒」を絶版にしたのは、藤村及び新潮社の自主性によるものであった。しかし当時、全国水平社が「破戒」を絶版にさせる方針をとったことは、明確にしておく必要がある。

全国水平社は、藤村が心の内深くにもっている差別観に、いろどられている「破戒」の差別性に対して、激しい糾弾を行なわずにすますことはできなかった。差別によってうける部落民の言語に絶する苦悩を知ることのない人たち（文学史家、文芸評論家の多くはそうである）は、藤村のヒューマニティを高く評価しようとする。しかし差別と貧乏の中で死ぬほどの苦しみを受けている部落民は、藤村の「破戒」の根底に横たわっている封建的差別観を鋭く、本能的に見ぬいたわけである。もし、藤村がこの封建的差別の本質を深く認識し、それに抵抗し、新しい近代的人間像を創造するためにどこまでも人間追求をすすめる精神を貫いていたならば、それがたとえ成功しなかったとしても、部落民もまた、当然、半封建的社会制度にたいして闘ってゆく藤村に共感し、協力していたはずである。然し、藤村の「破戒」は、彼の差別観に貫かれた、その差別性の故に国民感情をいたずらに刺激し、部落民に対する差別を、更に拡大することに重大な役割を果したのである。藤村が「破戒」をつうじて訴えようとした意図は、彼の差別観の故に決定的に弱く、その芸術的真実の弱さの故に、かえって部落民を国民と対立させずにおかなかったのである。

藤村は「破戒」以後、旧い日本に対するたたかいから漸次後退していった。従って昭和四年の「破戒」に対する全国水平社の糾弾闘争を通じて、藤村が封建的差別的人間観を、克服するというようなことが起こり得なかったのは当然である。昭和十四年における藤村と全国水平社との妥協は、封建的身分差別＝賤視観念に対する糾弾闘争を、観念の一つの表象であるにすぎない個々的な言葉の糾弾に歪曲させ、些末主義に陥入らせた誤謬（たとえ太平洋戦争直前のファシズムの嵐の真只中にあったとしても）と、さらに藤村の場合にあっては、差別の恐怖のとりことなった卑屈心の、この二つの野合を意味するものに他ならない。筑摩書房が「破戒」の初版本復原を計算する以上、少なくとも右の経緯の理解の上に立ち、部落問題の本質を深く認識した上でなければ、その事業にとりかかることは、不可能であったはずである。筑摩書房あるいは「破戒」の復原を熱望する多くの文学者の主観のいかんにかかわらず、今日なお封建的身分差別の苦しみに、打ちひしがれている被圧迫部落民は、厳然として存在する。いま、筑摩書房に対して、昭和四年の糾弾がくり返されることは、もはやないであろう。勿論、昭和十四年の妥協を行なうことも、同時にあり得ない。然し社会的差別が歴然として存在する以上、「破戒」初版本の復原が、その差別を一層大きくしてゆくだろうということも、又予測せられるのである。初版本復原の重大な意味は当然そこから生まれてくる。

ところで、差別が存在するという事実に、あるいは驚かれる読者諸君があるかも知れない。それらの読者諸君のために、部落民に対する差別の何であるかについて、若干ふれておきたい。差別事件は最近目立って増加しつつあり、かつ悪質となっている。差別を激化させているものは、いうまでもなく貧乏がいよいよ深刻となってきている事実に照応するものである。部落問題とは一体なにか、ということであるが、それは一言にしていえば、封建的被差別身分の問題であるということができよう。封建的身分差別のために、被圧迫部落民は営業、就職、居住の自由を奪われてきたし、現在もまた奪われつづけているのである。部落民は明治維新によって「穢多」という封建的身分から解放されたといわれている。しかし、実際にはなんら解放されはしなかった。ここに「穢多」という旧身分の差別に苦しんでいる丑末の悩みの生まれる理由がある。現在、部落民の苦しみは差別し、差別される観念からのみ生まれてくるものでは決してない。封建的身分差別の故に営業、就職、居住の自由を奪われている部落民は、当然、伝統的に一定の場所に密集させられて生活し、特定の手工業にしばりつけられてきた。たとえその手工業で生活できなくなっても、近代的産業で働く部落民は、きわめてすくなく、もっとも不利で不安定な雑業に従うほかなく、近代産業の職場でも、封建的差別身分がわかった場合、職種、賃金の差別的待遇をうけ首きりの際は第一番にその犠牲にされる。

農村に居住する部落民は、封建的土地所有制度のために、他人の手をつけない猫のひたいほどの最劣等地にしがみつかざるを得ない状態におかれている。部落民はまさしく半ば社会外の社会のなかで強制的にどん底の生活をしいられているのである。この事実がまた封建的身分差別をより強力に温存させる直接の要因となっているのである。

敗戦は日本を「民主化」させたといわれる。その検討はとにかくいわゆるその「民主化」にもかかわらず、なぜ「未解放部落」は、

「解放」の方向にすすむことなく、差別がとくに激化し、貧乏がとくにひどくなってゆくのか。

われわれに対する差別の激化と貧乏の深まりは、決して国民の中に旧い偏見が残存しているからであるとは考えない。日本の政治、経済社会のすべてのしくみに、植民地性、反民主性がひどくなり、国民生活が破壊されてきたからであるとわれわれは考えるのである。

明治維新は天皇を最高身分として皇族、華族などを特権的世襲身分として残し、その反対極として「穢多」という被差別身分を温存させ、社会外の社会に固定化することによって、部落民に対する差別を扇動することに成功した。天皇を神格化する国民感情は、ただちに部落民に対する差別賤視観念とならざるを得ない。日本帝国主義はこのように、国民を分裂させることによって、国内の天皇を頂点とした秩序を強制的に維持し、日清戦争から太平洋戦争にいたる侵略戦争を強行する土台としたといえる。

敗戦後、日本はアメリカの占領下におかれ、民族としての独立自主の権利をもたず、植民地として従属させられている。その結果、日本人は民族的自尊心を失い、外国人に対する卑屈な劣等感の中におとされつつある。このことは同時に、日本人の劣等感の代償として、在日朝鮮民族に対する差別＝優越感を助長させると共に、もっとも直接的には部落民に対する差別を温存し、激化させつつある。すなわち日本国民は外国に対する卑屈と劣等感、部落民に対する差別と優越感にたって、再び計画的に分裂させられ、植民地奴隷の状態にとじこめられているのである。日本のマス・コミニュケーションが、積極的に差別を挑発しているのは、このような日本の政治経済、社会のしくみを理解することによって、その意図をはっきりと見抜くことができるであろう。

「破戒」初版本の復原は、それがなまの形でなされる限り、差別を温存させ、挑発しようとする日本のマス・コミニュケーションに一つの大きな援助をさしのべることになる。「破戒」の差別性については、もはやここで多くをいう必要はないであろう。藤村が封建的な人間の不平等感、身分制をくつがえし、部落民をいやしいものと考える封建的な観念をぬぐい去る新しい人間観を創造することなしには、たとえ「破戒」によって歩もうとした方向が、正しい道をはるかにさし示していたとしても、そのヒューマニズムはより低いものであり、より弱いものであったといわねばならない。藤村が封建制と対立することを避け、日本の近代文学をうちたてる可能性を、わずかにさし示しただけで、その門から惨めに遠ざかり、敗れ去ったのは、故のないことではない。

われわれは読者諸君と共に、もはや「破戒」に対する結論を出すべきときにきたものと考える。

部落問題は日本の国民にとって、解決することのできない問題では、決してない。封建的差別の問題を解決することは、日本を完全に民主化するために、欠くことのできない重要な課題である。従って、その観点に立って、部落問題の本質が理解され、その理解のもとに「破戒」初版本が正当に評価され、その意義とあやまりが正しく読みとられるならば、われわれはむしろ「破戒」の復原に対して積極的な支持を送ることをおしまないのである。

「破戒」が敗戦いらい、度々問題になってきたことは、既に読者諸君も知られるところであろう。すなわち東映、松竹、民芸などで映画化、劇化が企てられてきた。映画産業がとりあげただけでなく労働者階級がその階級的観点に立って「破戒」を再評価し、自分の手で脚色、上演していることは軽々しく見過ごすことはできない。しかもその観客はこれまでにない多数を記録しているのである。これらの事実は、国民が被差別身分の問題を、自らの問題として理解しようとするまでに、成長してきていることを、端的に物語っていると、いえるのではないだろうか。部落問題とはまさしく、古い融和主義（改良主義）のいうような「少数同胞」の問題ではない。それはすべての日本人を重圧している封建遺制の集中点であり、国民の一人一人の間にも、根強くこびりついている封建制から、自らを解放する人間改造の問題でもあるのである。

最近「国民文学」の創造という問題が、大変論議されているようである。われわれは、もちろん文学を論ずる立場にあるものではないが、国民文学の創造もまた、封建制との闘いから生まれるであろうことを信ずる。封建制に支配され、その重圧に喘いでいる民衆や農民の苦しみがとりあげられ、それが全国民の共感となって、その解放にまでたかめられる、そのような効果を呼び起こすものでない限りいかなる文学も国民文学を僭称することは不可能であることを信ずるのである。

その時、われわれは封建的被差別身分にくくりつけられ、蔑まれ虐げられている部落民の苦しみこそは、もっとも深く、いたましい国民の苦しみであり、傷みであり、嘆きであることを信ずるものである。

明治三十七年、藤村の「破戒」はこの国民の苦しみと傷みと嘆きを解放することはできなかった。何故それが不可能であったかを、今日の「破戒」初版本の読者諸君に知ってもらうと共に、部落民の苦しみが封建制一様の苦しみである故に、国民のすべての苦しみを解放するためのたたかいの中で、その解放のために、すべての国民の手が、真の共感としてさしのべられることを、われわれは期待してやまない。

それは藤村の「破戒」が正しく読まれる時には、決して不可能なことではないことを、われわれは信ずる。

同時に部落民の苦しみと傷みと嘆きを解放する真の国民文学が生まれることを念願する所以である。

資料⑤

水平社宣言

全国に散在するわが特殊部落民よ団結せよ。

長い間虐《いじ》められてきた兄弟よ、過去半世紀間に種々なる方法と、多くの人々とによってなされたわれらのための運動が、なんらのありがたい効果をもたらさなかった事実は、それらのすべてがわれわれによって、また他の人々によって毎《つね》に人間を冒瀆《ぼうとく》されていた罰《ばち》であったのだ。そしてこれらの人間をいたわるかのごとき運動は、かえって多くの兄弟を堕落《だらく》させたことを思えば、このさいわれらの中《うち》より人間を尊敬することによってみずから解放せんとする者の集団運動をおこせるは、むしろ必然である。

兄弟よ、われわれの祖先は自由、平等の渇仰者《かつごうしゃ》であり、実行者であった。陋劣《ろうれつ》なる階級政策の犠牲者《ぎせいしゃ》であり男らしき産業的殉教者《じゅんきょうしゃ》であったのだ。ケモノの皮剥《は》ぐ報酬《ほうしゅう》として、なまなましき人間の皮を剥ぎ取られ、ケモノの心臓を裂《さ》く代価として、あたたかい人間の心臓を引裂《ひきさ》かれ、そこへくだらない嘲笑《ちょうしょう》の唾《つば》まではきかけられた呪《のろ》われの夜の悪夢のうちにも、なお誇りうる人間の血は、涸《か》れずにあった。そうだ、そしてわれわれは、この血を享《う》けて人間が神にかわろうとする時代におうたのだ。犠牲者がその烙印《らくいん》をなげかえすときがきたのだ。殉教者が、その荊冠《けいかん》を祝福されるときがきたのだ。

われわれがエタであることを誇りうるときがきたのだ。

われわれは、かならず卑屈なることばと怯懦《きょうだ》なる行為によって、祖先を辱《はずか》しめ、人間を冒瀆《ぼうとく》してはならぬ。そうして人の世のつめたさが、どんなにつめたいか、人間をいたわることがなんであるかをよく知っているわれわれは、心から人生の熱と光を願求礼讃《がんぐらいさん》するものである。

水平社《すいへいしゃ》は、かくして生れた。

人の世に熱あれ、人間に光りあれ。

大正十一年三月三日

全国水平社創立大会

資料解説

『破戒』が刊行されておよそ百年になる。正確に言えば二〇〇六年がその年にあたる。わたしはこの書からずいぶんと教えられた。必要に迫られたこともあって、近代日本の小説では、もっともくりかえし読んだ本だ。それで、恩返しのつもりもあって、ここに取りあげ、この書に浴びせられた政治的な批判が、たいして理由のないことをあきらかにした。

本文の論旨をおぎなうために、あるいは、わたしが主観を押しとおしたのではないとわかっていただくために、「資料」として五本を紹介した。まえの三本は島崎藤村の気分を知るため、あとの長文は『破戒』を批判した側の理由を理解するためである。読みやすさを第一に考えて、いずれも表記を略字新仮名にあらためておいた。

最初の資料①「山国の新平民」は、『新片町より』に収録されている。『破戒』刊行の四年後、一九〇九年（明治四十二年）に出た本だ。新片町《しんかたまち》はいまの柳橋《やなぎばし》一丁目にあった。『破戒』の刊行年の秋に、藤村一家は西大久保から越してきた。「山国の新平民」の「山国」は「さんこく」と読ませている。ここには『破戒』にまつわるおおくの記述があるが、そのなかに、『破戒』評への婉曲な反論がちりばめられている。

「いかに信州が山国だからといっても、貴様の言うようなことはあるまい」という文章につづく言葉が柳田国男への反論であることはあきらかだし、「穢多を主にした物語だから、あまり好い心地はしなかったと言われる読者」のひとりには、与謝野晶子も入っているはずだ。

＊

資料②と③は、修正本『破戒（別名、身を起すまで）』につけられた序文と跋文《ばつぶん》である。昭和十四年正月に、「静の草屋にて」これを書いたと末尾に記されている。昭和十四年は一九三九年で、破滅的な状況へ日本がすべり落ちだしたころである。「静の草屋」というのは麹町区下六番町の新居につけた名で、いまの千代田区六番町にあたる。四ツ谷駅近く、主婦会館の裏手になる。このとき藤村は六十五歳で、『夜明け前』はすでに完成している。

資料②「序」の冒頭に、「これは過去の物語である」と藤村が記したことに、部落解放全国委員会は資料④の「声明」で、「今日なお非人間的な差別に苦しんでいる部落民に対する激しい侮蔑であり差別でなくてなんであろうか」と非難した。しかし藤村のうちには、『破戒』に書かれたようなひどい状況はもはや過去のこととなったという認識があった。『破戒』を廃刊に追いこむほどに力をつけた被差別部落の人とまぢかに接して、かれら青年に反発はしただろうが、また明治の末とは隔世の感をおぼえただろう。

藤村が死んだころに生まれたわたしは、しかし、『破戒』とあまりちがわない差別のきびしさを見聞した。戦前にいくらか改善された部落も、ふたたびむかしに押しもどされていた。戦時中に軍靴などの特需でうるおった人もいただろうが、大多数の部落民はちがっていた。戦時下から敗戦後の「絶対的貧困」に（それはだれもが受難したこととはいえ）、部落はどこよりも苦しんでいた。

残念ながら、『破戒』は過去の物語になってなかったわけだが、「これは過去の物語である」という表現をとりあげて、「部落民に対する激しい侮蔑であり差別でなくてなんであろうか」という、このようなもの言いもまた現実とかけはなれている。死別の悲しみ、病苦とか飢えとか、暑さや寒さに耐えていた部落庶民は、『破戒』を読んでしばらく沈思することはあっても、こんな口のききかたはしないだろう。そのことは「声明」の末尾ちかくで、映画や芝居（新劇）でこの小説がとりあげられ、多数の観客に支持されている事実が報告されていることからも推測できる。

資料④がもつ基本的な誤謬は、部落問題を封建制の遺制としてしか捉えられなかった思想にある。

「部落問題とは一体なにか、ということであるが、それは一言にしていえば、封建的被差別身分の問題であるということができよう」

と、「声明」は明言している。

このような理解は、共産党系の「全解連」が今世紀初頭まで持ち運んだ考えで、いまの日本には封建的な関係は消滅したので部落もなくなったという判断になる。その結果、部落解放の組織などは不必要だとして、「全解連」を終結したのである。これが笑止千万なのは、現実から学ぶのではなくて、現実を理論に従わそうとするからである。かつては、このような考えを「観念論」と呼んで、「唯物論」のほうからきびしくやっつけたものだが、それをいまは、唯物論をもとにして結成された組織（共産党）が使用している。それをおかしいと組織内のだれもが思っていないのもなさけない。

部落問題は封建的被差別身分の問題ではない。差別一般と本質はおなじである。封建遺制がなくなった二十一世紀の初頭でも、差別的な言辞があふれ、路上生活者は若者から「おじゃま虫」と見られて闇討ちにあっている。部落民とは結婚したくないとネットに書く若者もいる。これらは近代社会に固有な現象であり、江戸時代の封建的な身分制の延長したものではない。

部落差別もまた例外ではないが、そのことは部落問題が近代社会では解決しないというのではなく、逆に、それが近代的な差別だからこそ、その解放が実現するということである。

こんにちの社会では、人種差別、女性差別、障害者差別、エイズ差別など、さまざまなテーマの差別が発見され、訴えられている。たぶんこれからも、思いもよらなかったところから、「差別するな」という声があがり、その問題を社会全体でとりくむことになる。そして、ひとたび問題として提出されると、紆余曲折はあっても解決にむけて動いて行くのが近代の差別のならいである。その過程で人々は近代社会の原理である「平等」とか「人間」とか「人権」とかについて肯定する思考を学習する。するとまた、おざなりになっていた「ある差別」が、緊急の課題として浮上してきたりする。

部落差別は解放に向けてたしかに歩みつづけている。かなり歩いてきたように思うが、それがまだ十全ではないのは、差別する側の意識構造にもまたいいかげんなところがあったからだ。ネットの「2ちゃんねる」の書きこみや、マスメディアのおよび腰にそれはあらわれている。そのこともまた、本文で口をすっぱくして語ったことである。

（二〇〇五年秋、塩見鮮一郎）

〈著者略歴〉

塩見　鮮一郎（しおみ　せんいちろう）

1938年、岡山県生まれ。現在、東京都練馬区在住。著書に『西光万吉の浪漫』（解放出版社、1996年）、『異形にされた人たち』（三一書房、1997年）、『浅草弾左衛門（前三巻・全六冊）』（小学館文庫、1999年）、『喜田貞吉と部落問題』（三一書房、1999年）、『車善七（全三巻）』（筑摩書房、2004年）、『脱イデオロギーの部落史』（にんげん出版、2005年）などがある。

プロブレムQ＆A

部落差別《ぶらくさべつ》はなくなったか？

［隠すのか顕すのか］

2005年10月31日　初版第1刷発行　　定価1800円＋税

著　者　塩見鮮一郎©

発行者　高須次郎

発行所　緑風出版

〒113-0033　東京都文京区本郷2-17-5　ツイン壱岐坂

〔電話〕03-3812-9420　〔FAX〕03-3812-7262　〔郵便振替〕00100-9-30776

［E-mail］info@ryokufu.com

［URL］http://www.ryokufu.com/

装　幀　堀内朝彦

組　版　R 企 画　　印　刷　モリモト印刷・巣鴨美術印刷

製　本　トキワ製本所　　用　紙　大宝紙業　　E2500

ISBN4-8461-0517-2　C0336